HACKEURS

Gareth Moore est l'auteur de nombreux livres d'entraînement cérébral et d'énigmes pour enfants et adultes, parmi lesquels *Le livre des énigmes Toutânkhamon, Entraînement cérébral spécial casse-tête, Entraînement cérébral spécial jeux, Le grand livre des énigmes d'Histoire Naturelle.* Ses livres se sont vendus à des millions d'exemplaires rien qu'au Royaume-Uni, et ont été traduits dans plus de trente langues. Il est également le créateur du site web d'entraînement cérébral BrainedUp.com et anime le site d'énigmes quotidiennes PuzzleMix.com.

Web: DrGarethMoore.com
Twitter: @DrGarethMoore
YouTube: YouTube.com/@DrGareth

Laura Jayne Ayres est une écrivaine et chercheuse spécialisée dans les énigmes. Après avoir étudié la linguistique à l'université de Cambridge, elle a travaillé comme dramaturge avant de rejoindre l'équipe de Gareth Moore.

LE LIVRE DES ÉNIGMES

Dr GARETH MOORE
LAURA JAYNE AYRES

HACKEURS

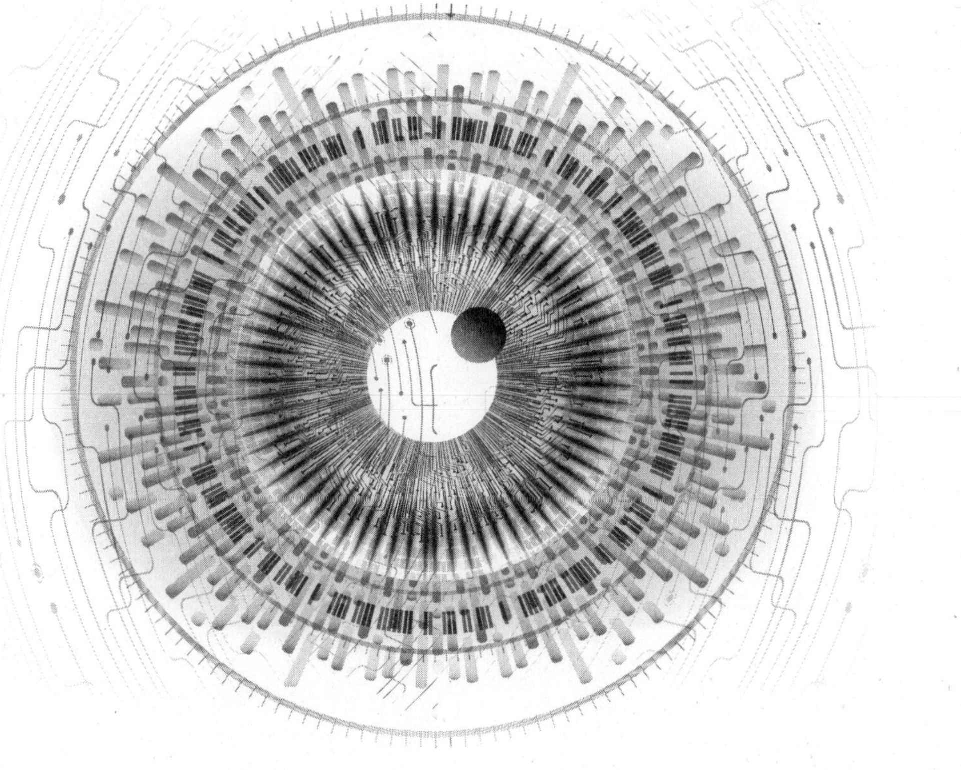

MARABOUT

Première publication en Grande-Bretagne en 2023
Michael O'Mara Books Limited
9 Lion Yard
Tremadoc Road
London SW4 7NQ

Conçu et mis en page par Gareth Moore
Inclut des images Adobe Stock et Shutterstock

Traduction : Thomas Chaumont
Mise en pages : F. Egret pour amulette.fr
Correction : Stéphanie Herbaut

Sommaire

Introduction

Bienvenue dans *Le livre des énigmes Hackeurs.* Dans ces pages, vous trouverez de nombreuses énigmes qui mettront à l'épreuve le génie de l'informatique qui sommeille en vous. À vous de voir si vous serez une victime impuissante ou un stratège de génie.

Tous les hackeurs ne sont pas forcément dans le mauvais camp, vous serez donc tour à tour la cible et l'agent actif d'activités en ligne suspicieuses. Chaque énigme est présentée sur une ou plusieurs pages, avec un titre et un numéro pour mieux vous repérer.

Quelle que soit la situation présentée, chaque énigme se termine par une question à laquelle vous devez répondre directement. C'est un bon point de départ si vous ne comprenez pas tout de suite de quoi il retourne. Ce qui est inscrit en gras est ce qu'il y a de plus important.

Il est important de noter que vous n'aurez besoin d'aucune connaissance ancrée dans le monde réel ni d'aucun outil technologique pour résoudre les énigmes de ce livre. Il n'y a pas de questions pièges, toutes les informations dont vous pourriez avoir besoin pour résoudre une énigme vous sont données. Ces énigmes sont conçues pour être résolues sans connexion Internet, vous n'avez donc besoin que d'un crayon bien taillé et d'un esprit bien affûté pour vous en sortir.

Les solutions numérotées se trouvent à la fin du livre. Vous pourrez y vérifier vos réponses ou, dans certains cas, voir quel est le raisonnement qui aurait pu vous aider à résoudre l'énigme. La plupart des solutions se présentent sous la forme d'un code numérique ou de quelques mots, mais chaque énigme indique clairement ce qui est attendu d'elle. Pour les énigmes visuelles, l'image de la solution est donnée en entier afin que vous puissiez la comparer à votre proposition – mais faites alors attention à ne pas voir par inadvertance les solutions voisines. Si vous en voyez une malencontreusement, passez l'énigme correspondante et revenez-y plus tard, lorsque votre souvenir s'en sera estompé.

Si vous bloquez sur une énigme, vous pouvez utiliser la solution pour avoir un indice. La meilleure façon de le faire est de demander à un ami de lire (pour lui-même) la solution de l'énigme et de voir s'il peut vous donner un indice. Si vous êtes seul, essayez d'utiliser une feuille de papier pour masquer la réponse et ne la dévoiler que pas à pas. Si vous êtes vraiment sans idée devant une énigme, passez à la suivante et revenez-y plus tard. Et si vous n'aimez pas du tout une énigme en particulier, pour quelque raison que ce soit, passez à une autre : l'idée est d'abord de s'amuser !

Il va sans dire – mais cela va mieux en le disant – que toutes les situations du livre sont entièrement fictives, et que toute ressemblance avec le monde réel n'est que pure coïncidence. Bien qu'il y ait plusieurs niveaux de difficulté, rappelez-vous que ces énigmes sont toutes faites pour être résolues et qu'il y a toujours au moins un moyen d'avancer. De même, elles ne sont pas à suivre dans l'ordre, vous pouvez commencer à les résoudre à partir de n'importe quelle page. Si, par exemple, vous préférez les énigmes visuelles, vous trouverez peut-être plus agréable de feuilleter le livre pour choisir celle qui vous séduit le plus. Vous pouvez aussi, bien sûr, commencer par le tout début. Il n'y a pas de mauvaise manière de s'y mettre, pas de meilleure façon de résoudre les énigmes, et pas de meilleur moment pour commencer que tout de suite.

À vous de jouer !

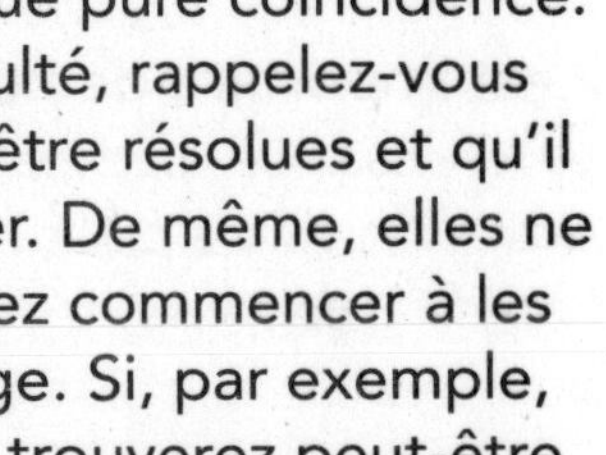

Dr Gareth Moore

1. Se connecter

En ouvrant votre boîte de réception, vous découvrez une image encodée. Cela pourrait bien être le code PIN de connexion que vous attendiez. C'est le moment de le décoder !
Pour révéler ce qui se cache dans cette image, il vous faut griser les cases en fonction des indices chiffrés. Ces indices indiquent, dans le sens de la lecture, de gauche à droite ou de haut en bas, la longueur des groupes de cases grisées consécutives dans chaque ligne et chaque colonne. Il doit y avoir un espace d'au moins une case vide entre chaque groupe de cases grisées présent dans la même ligne ou la même colonne.

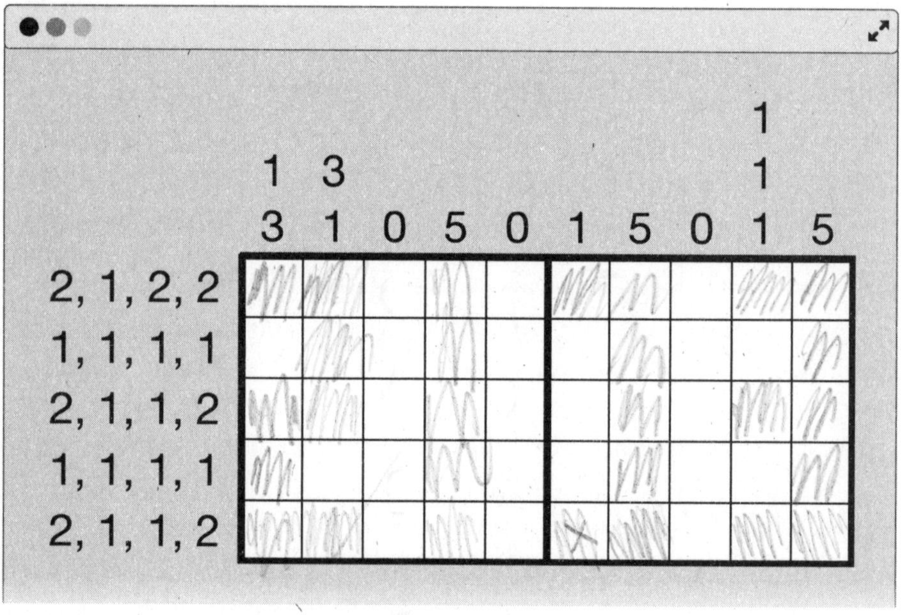

Est-ce le code PIN ? De quels chiffres se compose-t-il ?

2. Impairs et pairs

Vous attendez qu'un vieil ami vous envoie un mot de passe censé débloquer des fichiers cryptés. Votre téléphone vibre : ça y est, vous avez reçu un SMS. Non, deux SMS !
Vous savez qu'en combinant ces messages vous obtiendrez votre mot de passe.

Pouvez-vous trouver le mot de passe ?

3. Problème binaire

Vous travaillez sur un logiciel ancien et vous devez rafraîchir vos connaissances en matière de code binaire.
Vous recherchez un mot de passe qui va vous permettre de débloquer l'étape suivante d'un programme, et la solution est apparemment présente dans la grille ci-dessous.
Inscrivez un 0 ou un 1 dans chaque case vide, de telle sorte qu'il y ait autant de 0 que de 1 dans chaque ligne et chaque colonne. Dans une ligne ou une colonne donnée, il ne peut y avoir plus de deux chiffres identiques à la suite.
Quand vous aurez fini, l'avant-dernière ligne contiendra le mot de passe tant désiré, en lisant de gauche à droite.
Quel est ce mot de passe ?

	0		1			1	1
1	0		1				
		1				0	
		0			1	1	
	1	1			1		
	0				0		
				0		0	0
0	1			1		0	

4. Un virage amusant

Vous recevez un e-mail qui contient le lien que vous attendiez. Il s'agit normalement d'un nom d'utilisateur temporaire à six chiffres, correspondant à un nouveau compte secret que vous venez de créer. Mais quand vous cliquez sur ce lien, voici ce qui apparaît :

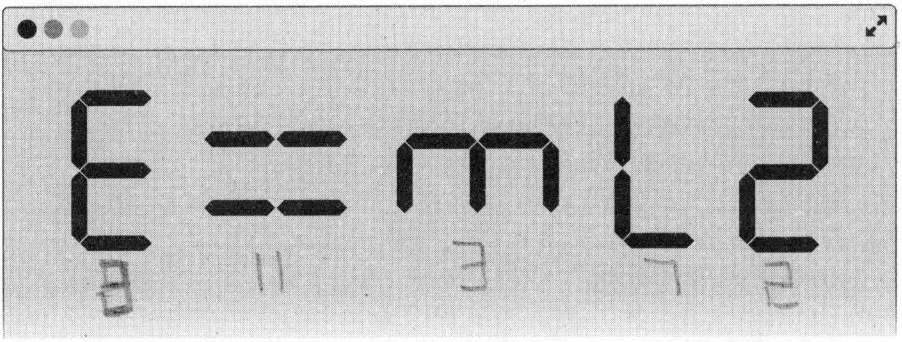

En bas de l'e-mail, vous vous apercevez que l'expéditeur a ajouté ces symboles dans sa signature :

Il doit s'agir d'un indice.
Alors, quel est votre nom d'utilisateur ?

5. Contrefaction de puces

Plusieurs puces électroniques vous ont été livrées, avec lesquelles vous avez l'intention de modifier toutes vos machines, mais dès l'instant où vous les sortez de leur sachet antistatique, votre œil aiguisé remarque qu'il y a quelque chose qui cloche.

Vous en disposez quelques-unes sur votre bureau, et vous les examinez. Ah ! Il y a bien quelque chose qui ne va pas ! L'une des puces a été légèrement modifiée par rapport aux autres. **Pouvez-vous déterminer laquelle ?**

A

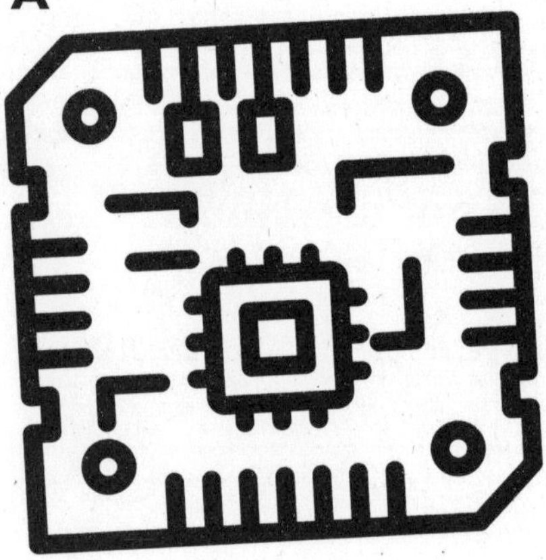

B

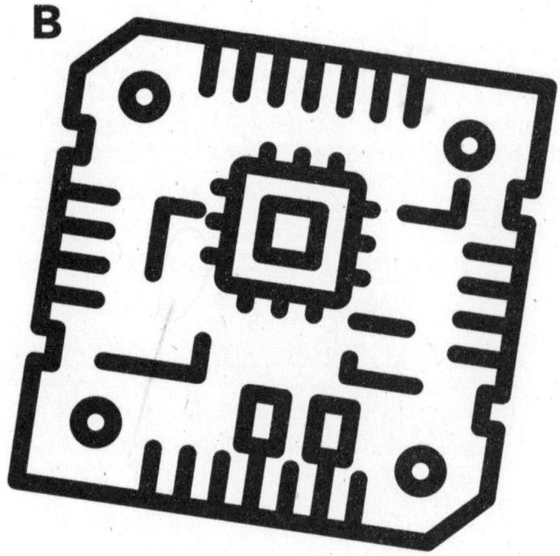

C

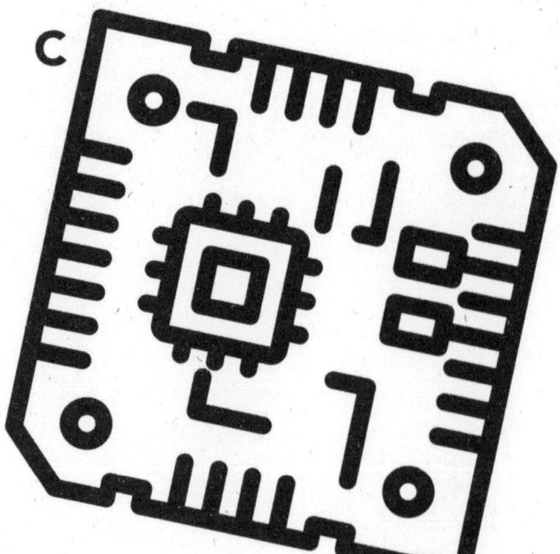

D

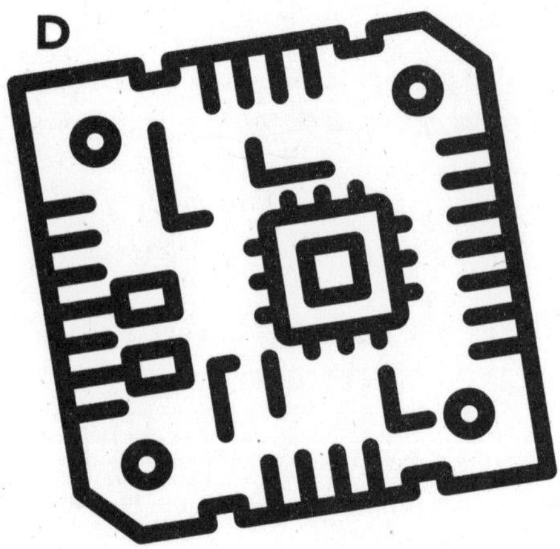

6. Transmission corrompue

Un e-mail bizarre vous arrive, ce qui n'a rien d'inhabituel : vous savez qu'il ne faut surtout pas l'ouvrir bêtement en priant pour que tout se passe bien. Donc vous le placez en quarantaine et vous lancez une machine virtuelle, configurée pour ne pas avoir accès au monde extérieur.

Vous ouvrez ensuite cet e-mail et vous découvrez le drôle d'écran ci-dessous. Apparemment, quelqu'un essaie de vous transmettre un message, mais une ligne sur deux est corrompue. **Pouvez-vous décoder ce message ?**

```
transmission commencée…
Γ  ¿  º Δ×Ω    ¥ ±ºφ¿×

téléchargement débuté… 100 % achevés
 ¥± φ Δ  Δ × ¿  º Ω ±  φ ¥    Γ  Ω

ouverture paquet de données… décryptage…
Γ   ¥  ΩΔ   ¥ Γ ¿  ± φ × Δ  Γ    º   Ω

le fichier a été extrait…
Ω ± φ   ¥ Γ Γ   Γ¿¥ Ωº¥

format "texte simple" identifié
 Γ ¿º   ¥ × Γ ±Ω φ Ω × Δ ¥ ¥

envoi contenu vers sortie
Ω φ¿ Ωº  ¥×  º± ¿ Δ ×Γ Ω

LE JOUR EST ARRIVÉ
 ¥ ΩΩ±Γ  φ¿  ºΔΩ×

JE SUIS TON OMÉGA
Γ ¿Δº± ×φΩ  ¥

NE PRÊTE ATTENTION QU'À MOI
Γ  ± Ωφ Δ Ω  ¥ ¥ ×  º ΓΓ¿
```

7. Étrange impression

Vous trouvez dans votre boîte aux lettres une étrange feuille de papier remplie de formes géométriques.
Qu'est-ce qu'elle dit ?

8. L'horloge digitale

Votre horloge digitale fonctionne mal, ce qui vous pose problème car elle contient un circuit spécial que vous utilisez pour extraire des clés de cryptage chronodépendantes.

Avec votre multimètre, vous vérifiez l'état binaire de chaque segment de l'affichage digital.

Dans un tel circuit, un 0 représente l'état « éteint » et un 1 représente l'état « allumé ». **Quelle heure devrait afficher l'horloge, en fonction des mesures ci-dessous ?**

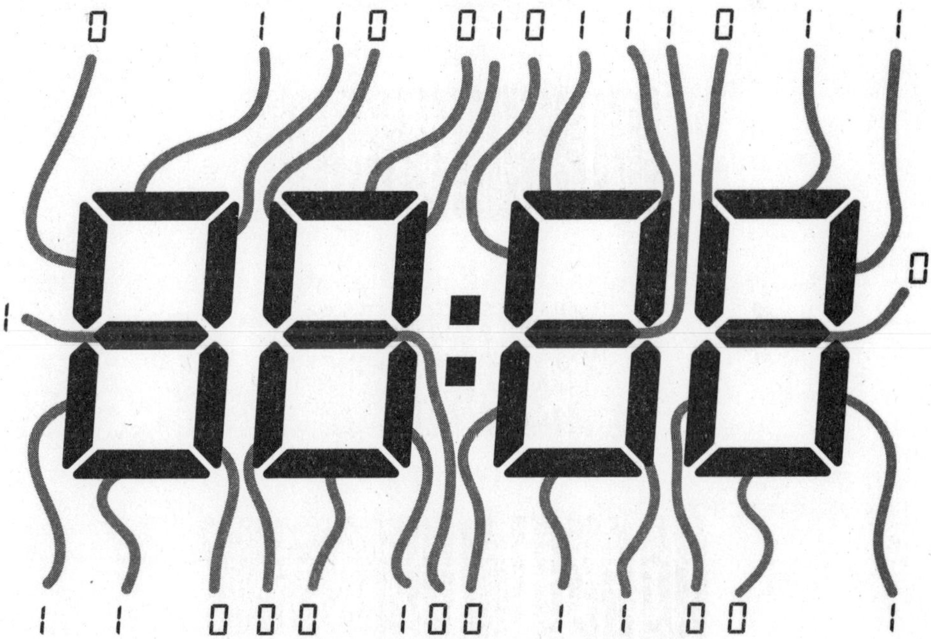

9. Signaux secrets

Vous communiquez depuis quelque temps en ligne avec quelqu'un qui désire devenir votre client. Vous passez pour ce faire par une connexion cryptée, mais vous êtes particulièrement prudent en ce moment car vos missions récentes n'étaient qu'à moitié légales, et vous ne voulez pas vous faire arrêter.

Ce client potentiel veut que vous pénétriez dans l'ordinateur d'une personnalité de haut vol, donc vous décidez d'abord de le rencontrer. Ce ne serait pas la première fois que quelqu'un vous fait des promesses avant de se révéler faire partie du camp adverse.

Vous lui avez demandé quelques renseignements personnels, mais ses réponses très vagues ne vous rassurent pas. Vous lui envoyez donc ce message :

```
Je dois vérifier que vous dites vrai.
Quel est votre numéro de téléphone ?
```

C'est un test de confiance parfait. Quelqu'un qui vous donne son numéro sait qu'il est plus facile à surveiller, donc les personnes mal intentionnées n'ont pas envie de le donner.

Vous attendez un peu : aucune réponse. Peut-être l'avez-vous effrayé et craint-il que vous puissiez le localiser et l'identifier à partir de cette information ?

Mais il finit par répondre :

```
Ne le prenez pas pour vous, mais je ne fais
confiance à personne. Je ne peux pas
vous le transmettre en texte brut.
Quelqu'un me surveille.
Mon « numéro » est : +CIHBDACEFHG
```

Vous fixez le message. Qu'est-ce que c'est que cette histoire ? Vous commencez à vous demander si cette personne ne se moque pas de vous et si elle a des informations sur vous.

Vous répondez à votre client potentiel que vous ne comprenez pas son message, et il répond du tac au tac :

```
Je comprends. Il n'y a pas de raison
que vous me fassiez plus confiance que
je ne vous fais confiance. Voici donc
quelques informations supplémentaires.
Peut-être que vous comprendrez
et m'identifierez un peu plus facilement.
Mon « nom » est 714.
```

Encore une fois, la réponse est évasive et vous commencez à vous énerver.

Mais en examinant attentivement les deux messages, vous comprenez qu'il vous a en fait donné toutes les informations nécessaires pour l'identifier.

Quel est son numéro de téléphone, et comment s'appelle-t-il ?

10. Rapprochez-vous de vos amis

Vous connaissez plusieurs hackeurs par leur nom – ou en tout cas l'alias qu'ils utilisent le plus souvent. Vous ne les considérez pas forcément comme des amis, mais petit à petit vous en avez appris un peu plus sur leur vie. Il est toujours utile d'en savoir un peu sur ses « collègues », quoi qu'on fasse comme métier.

Au cours des quelques années écoulées, vous avez rassemblé des informations sur trois personnes en particulier : Jacques, Hector et Marco. Tous ont des métiers différents « dans le civil » et vivent dans des villes différentes.

Vous vous apprêtez à partir à Montréal pour rencontrer celui des trois qui y habite. **Qui est-ce, et quel est son métier ?**

Ces quelques notes devraient vous aider :

- Marco n'est pas le policier.
- Hector travaille comme comptable.
- Celui qui vit à Paris n'est pas l'ingénieur.
- Marco ne vit pas à Londres.

11. Trouvez la logique

Certaines personnes font plus attention à leur sécurité informatique que d'autres, et de temps en temps vous tombez sur un utilisateur qui respecte vraiment les recommandations des experts de la cybersécurité : il change de mot de passe fréquemment.

Vous faites de votre mieux pour surveiller une cible particulière, mais celle-ci change de mot de passe tous les mois. C'est très bien pour elle, mais pas pour vous. Vous êtes prêt tous les mois pour le changement, mais il est quand même ennuyeux de devoir s'acharner autant pour cette information.

Vous arrivez tous les mois à découvrir son nouveau mot de passe, donc ses efforts ne lui servent à rien. Vous notez tous les mots de passe dans un carnet gardé avec précaution. Toutefois, quand vous examinez vos propres notes, vous vous apercevez que rien n'est laissé au hasard dans cette liste de mots de passe. Voici ceux des derniers mois, tous composés d'une série de chiffres.
Pouvez-vous deviner quel sera le prochain mot de passe et remplacer les points d'interrogation ci-dessous ?

999-990-981-972

888-870-852-834

777-750-723-696

666-630-594-558

555-510-465-420

???-???-???-???

12. Blocs de construction

On ne travaille pas tous les jours – il est parfois bien agréable de se détendre en jouant aux jeux vidéo comme au bon vieux temps.

Vous jouez en ce moment à un jeu de construction à base de structures cubiques, et vous construisez une petite ville. Le jeu est très simple : pour construire une structure, il n'est possible que d'ajouter ou d'enlever des cubes d'une structure préexistante.

Vous vous rendez compte que vous avez ajouté trop de cubes à l'un de vos bâtiments, et vous écrivez un programme pour enlever quelques blocs.

Le programme travaille séquentiellement, en enlevant un bloc à la fois. Le résultat est affiché à chaque étape, pour vérifier que l'avancement vous satisfait. Dans le registre ci-dessous, l'image 1 correspond à la première étape, l'image 2 à la deuxième, et ainsi de suite.

1

2

3

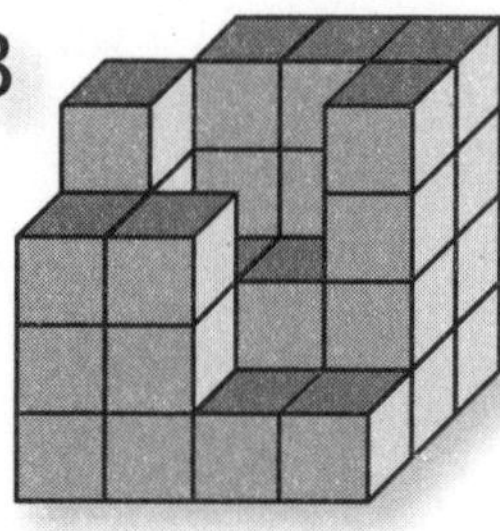

4

5

6

7

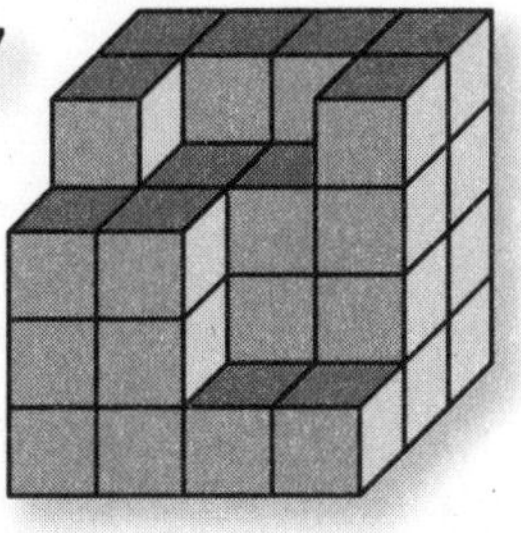

8

9

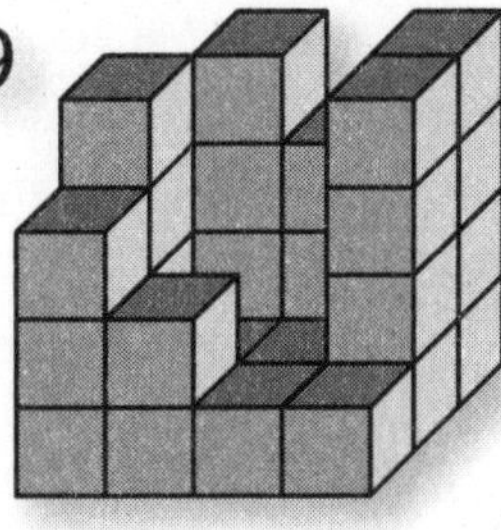

Or, en étudiant les résultats de l'exécution de votre programme, il se trouve que quelque chose cloche. Pour commencer, il y a plusieurs différences entre les images 1 et 2. Que se passe-t-il ?

Le jeu affiche maintenant un code d'erreur :

ERREUR DANS LE PROGRAMME – STRUCTURES INSTABLES

ENTREZ LE CODE À 9 CHIFFRES POUR ANNULER :

7 _ _ _ _ 1 _ _ _

Ça ne va pas. Vous ne voulez pas détruire votre ville ! Mieux vaut annuler ce que vous avez fait et corriger votre programme.

Quel est le code à neuf chiffres qui vous permettra de restaurer votre ville et de revenir à votre *farniente* ?

13. Connexion réseau

Comme tout hackeur qui se respecte, vous possédez plusieurs machines et appareils. Pour ne pas oublier ce qui est branché à quoi, vous avez fait un schéma de tout votre matériel : processeurs, écrans, etc. Sur ce plan de votre système, chaque chiffre entouré d'un cercle représente un appareil. **Pouvez-vous les relier pour former un réseau ?**

Reliez les appareils avec des câbles horizontaux ou verticaux. Un maximum de deux câbles peut relier deux appareils différents, et les câbles ne doivent jamais se croiser. Chaque appareil doit recevoir autant de câbles que l'indique son chiffre. Quand vous aurez fini, tous les appareils devront être connectés, c'est-à-dire que vous devrez pouvoir aller d'un appareil à n'importe quel autre en suivant un ou plusieurs câbles.

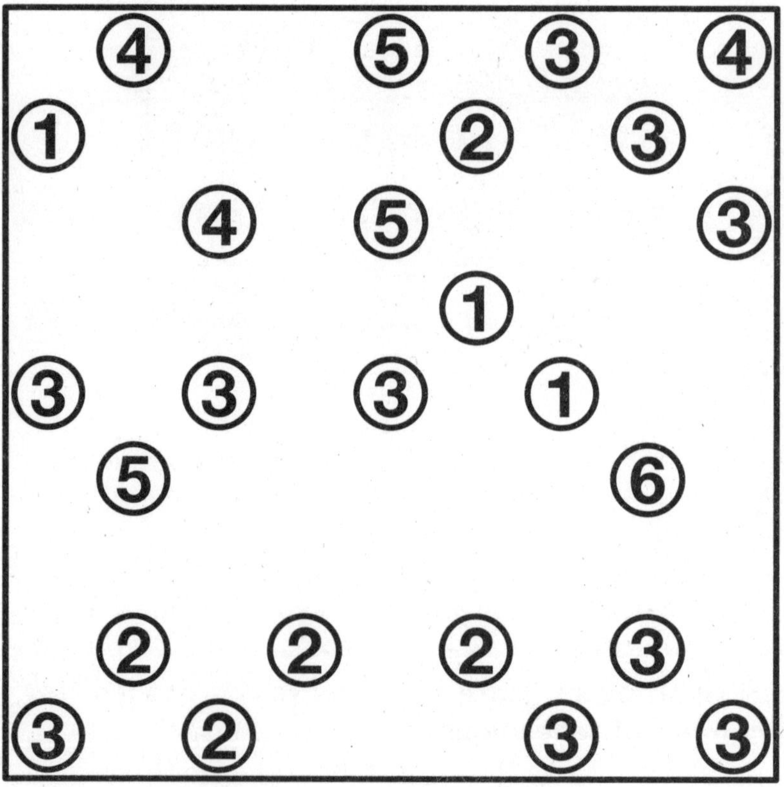

14. Va, cours, vole

Vous êtes en train de piocher dans les données de contrôle aérien de l'aéroport régional à la demande d'un client : rien de grave. Un jour, en survolant ces données, vous remarquez des nombres bizarres dont certains chiffres sont remplacés par des points d'interrogation :

1143 +15 = 0?43

1805 +4 = 2205

0123 -4 = 2123

0?08 -8 = 0008

1111 +11 = ??11

1422 -3 = 1122

2345 +1 = 004?

Au début, vous pensiez qu'ils faisaient référence à des numéros de vol, mais vous commencez à en douter. Même s'ils semblent être liés à des trajets en partance de votre région, vous remarquez qu'il s'agit uniquement de voyages long-courriers.

En gardant ceci à l'esprit, pouvez-vous remplacer les points d'interrogation ci-dessus par les bons chiffres ? En mettant tous ces chiffres à la suite dans l'ordre où vous les lisez, quel nombre obtenez-vous ?

15. La recherche est lancée

C'est un peu gênant… Vous avez oublié l'un de vos propres mots de passe ! Comme c'est un nombre à dix chiffres, il y a dix milliards de combinaisons possibles. Heureusement, vous savez qu'aucun des chiffres de 0 à 9 n'est répété dans ce mot de passe, ce qui fait descendre le nombre de possibilités à « seulement » quelques millions.

Après beaucoup de tentatives ratées, vous avez pu réduire considérablement la liste des possibilités, que vous avez notée sur un bout de papier :

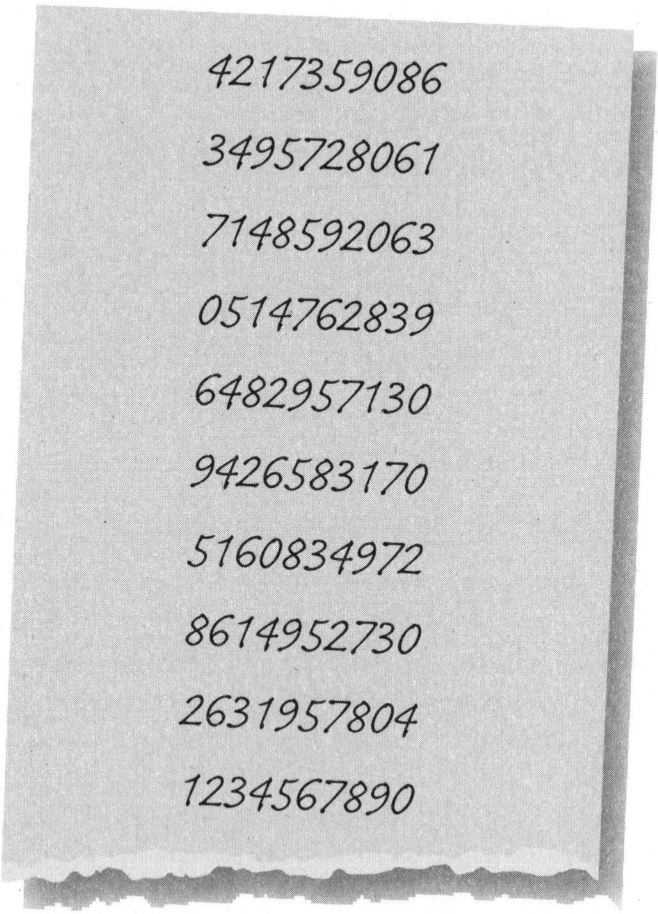

Vous aviez anticipé le risque d'oublier un jour votre mot de passe, et vous aviez donc conçu une méthode de récupération originale. **Tous les mots de passe potentiels de votre bout de papier sont présents dans la grille ci-dessous, en lisant dans n'importe quel sens, sauf un : le mot de passe véritable. Alors, quel est-il ?**

7	6	8	6	4	4	9	4	5	0	2	9	7	4	5
9	8	8	2	7	4	9	4	9	8	8	8	5	1	1
3	4	7	1	7	7	2	7	6	3	2	4	9	8	4
8	5	2	7	2	6	3	1	9	5	7	8	0	4	0
2	9	1	0	2	3	4	4	7	8	5	0	4	8	4
6	4	4	1	0	9	4	8	5	3	6	0	2	8	0
7	1	5	4	5	4	2	5	2	4	5	7	7	7	4
4	8	3	2	6	2	4	9	6	9	3	9	6	7	9
1	6	7	5	2	6	2	2	7	7	5	2	0	6	5
5	3	1	8	4	5	2	0	2	6	8	7	5	8	1
0	5	7	3	9	8	4	6	7	5	8	9	1	5	6
0	8	0	2	1	3	8	3	5	6	9	2	0	3	6
0	1	6	1	2	1	0	7	4	5	4	1	3	2	0
6	3	4	9	5	7	2	8	0	6	1	8	3	0	6
1	3	2	5	2	0	7	7	7	2	7	2	8	5	0

16. Téléchargements spectaculaires

Quelqu'un est en train d'essayer de pirater votre ordinateur en exploitant un bug lié à la réception d'e-mails avec pièces jointes faisant déborder une mémoire tampon interne. C'est un virus qui fait apparaître les pièces jointes plus petites avant décompactage qu'elles ne le sont en réalité. Pas mal joué, mais vous connaissez le truc et vous avez un coup d'avance.

Voici les cinq tailles des fichiers telles qu'elles apparaissent, et vous avez ajouté à leur suite vos calculs d'augmentation de taille.

1. **46 MB** + *1/3 de sa taille réelle*
2. **265 MB** + *3/8 de sa taille réelle*
3. **364 MB** + *3/7 de sa taille réelle*
4. **282 MB** + *1/3 de sa taille réelle*
5. **165 MB** + *2/3 de sa taille réelle*

Calculez la véritable taille de chaque fichier, et déterminez combien de gigaoctets les cinq fichiers occuperont au total après décompactage.

Note : il y a 1 024 Mo dans un gigaoctet (Go).

17. Une affaire astérisquée

On vous a envoyé un téléphone à débloquer auquel vous n'aurez accès qu'une seule fois. Même si c'est un appareil jetable, la sécurité demeure une priorité et la personne qui vous l'a envoyé ne veut pas que les informations qu'il contient soient vues par n'importe qui.

Dans un e-mail séparé, il vous informe que vous avez besoin d'un code à quatre chiffres pour débloquer le téléphone, et vous envoie l'image suivante :

Aucun de ces cinq chiffres ne semble faire partie du code de déblocage, et de toute façon vous savez qu'il vous faut un code à quatre chiffres.

La personne vous envoie alors un autre message bien obscur :

```
Faites attention à ****.
```

Quel est le code ?

18. Problèmes d'isolation

Horreur ! Vous avez cliqué là où il ne fallait pas, et vous avez été infecté par un virus redoutable. C'est vraiment la dernière chose dont vous aviez besoin. Pour l'instant, vos fichiers semblent toujours intacts, mais vous avez remarqué que le virus a ajouté un fichier supplémentaire dans chaque dossier de votre disque dur. Hum…

La personne qui vous a envoyé ce logiciel malveillant vous a aussi transmis quelques instructions de maintenance pour vous aider à contenir l'infection. Après que vous avez cliqué sur le lien douteux, ce message est apparu :

```
Oups ! Je vous ai bien eu. Cela fait quelque
temps que je suis vos progrès, et je crois
qu'un ami comme vous pourrait m'être utile.
Vous et moi, nous sommes du même côté : notre
travail n'est pas toujours parfaitement légal,
mais il est éthique. Nous sommes du bon côté
de l'histoire.

Voici un petit défi pour vous, afin que
je sache si vous avez les compétences que
je recherche chez un associé. Notre travail
comporte beaucoup de risques, et je veux être
sûr que vous savez maîtriser les dégâts.
Vous l'avez sans doute remarqué, une petite
bestiole s'est installée dans chaque dossier
de votre disque dur. Heureusement pour vous,
il existe un moyen d'enfermer ces bestioles
avant qu'elles ne se répandent partout et
commencent à dévorer tout ce qui se présente.

Imaginez que l'image ci-contre est
votre disque dur, et que chaque rond est
une bestiole à enfermer. Chaque petit carré
de la grille représente de l'espace sur votre
disque dur, et certaines de ces bestioles
sont plus destructrices que d'autres -
```

```
elles ont besoin d'espace. En suivant
les lignes en pointillé, divisez la grille
du disque dur en carrés de 1 × 1 ou davantage,
sans laisser d'espace libre dans la grille.
Chacun de ces carrés doit contenir
une bestiole et une seule.

Je veux voir comment vous réfléchissez.
Saurez-vous contenir la menace ? Et surtout,
savez-vous travailler sous pression ?
Je l'espère pour vous, car si vous
vous trompez, qui sait quand le virus
s'arrêtera de proliférer ? Bonne chance
et à bientôt, si vous réussissez.
```

Pourquoi ne pouvez-vous jamais être tranquille ? Loin d'être sûr que ce mystérieux expéditeur vous veuille vraiment du bien, vous jetez un œil à la grille qu'il vous a envoyée.

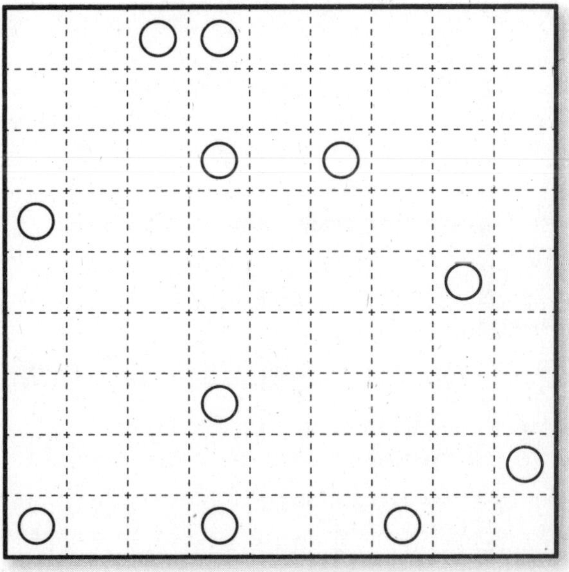

Saurez-vous faire ce qu'il vous demande et isoler les virus fictifs avant qu'un virus bien réel ne s'empare de votre ordinateur ?

19. Diviser pour mieux retrouver

Quelqu'un vous a cambriolé et a emporté une de vos clés USB. Heureusement, il n'a rien pris d'autre, mais les fichiers contenus sur cette clé ne doivent être vus par personne à part vous. La clé USB contient un traqueur, qui vous indique dans quelle zone approximative chercher. Malheureusement, il ne vous reste que quatre heures, après quoi la batterie va s'épuiser, tout cela en espérant que le voleur n'a pas désactivé le traqueur, bien évidemment.

Voici un schéma de la zone de recherche :

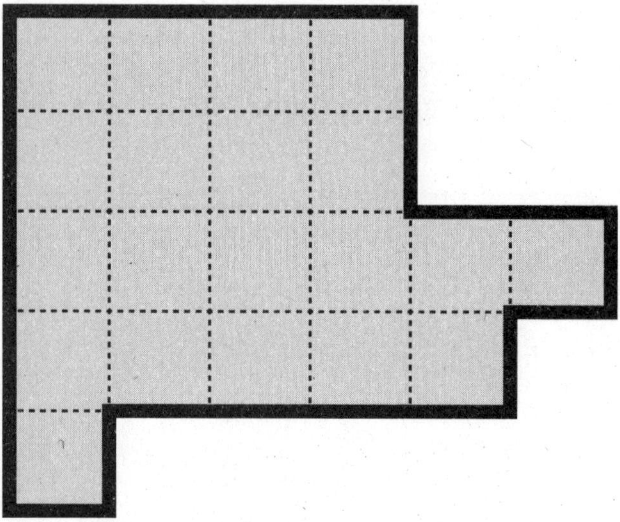

Divisez la zone en quatre sections égales, afin d'avoir une heure pour écumer chacune. Cela devrait vous permettre de mener vos recherches le plus efficacement possible sur le terrain.

Délimitez ces quatre sections en suivant les lignes en pointillé. Les sections doivent toutes être de forme et de taille identiques, mais elles peuvent avoir subi une rotation (mais pas d'inversion) les unes par rapport aux autres.

20. Sans répétition

Vous avez dissimulé un code d'arrêt d'urgence dans cette grille, créé pour que vous puissiez, en cas de tentative d'intrusion sur votre réseau, saisir les dix chiffres qui le composent afin de tout éteindre avant que l'accès soit obtenu par l'assaillant. Ce code ne sert que rarement, donc vous ne l'avez pas mémorisé. Vous savez seulement que c'est la seule ligne, colonne ou diagonale entière qui ne contient aucun chiffre qui se répète.

Quand vous l'aurez trouvé, lisez de haut en bas ou de gauche à droite pour révéler le code. **Quel est votre code d'arrêt d'urgence ?**

_ _ _ _ _ _ _ _ _ _

4	5	7	4	8	1	8	6	5	0
5	2	4	7	7	8	9	7	5	1
6	5	1	7	7	8	0	0	9	6
9	6	9	0	5	1	9	3	3	6
6	7	8	2	2	4	0	2	5	0
1	6	1	3	6	6	8	1	2	7
2	5	4	5	8	9	6	3	4	6
0	3	8	4	6	0	0	0	4	4
3	2	0	1	9	7	4	8	6	5
4	6	4	5	1	5	3	6	1	3

21. Niveaux de menace

Vous êtes en train de débarrasser votre système de logiciels malveillants dont vous pensez qu'ils vous ont été envoyés délibérément par un soi-disant « ami » hackeur. Vous croyez vous être débarrassé du tout dernier quand cet e-mail arrive dans votre boîte de réception, contenant une image en pièce jointe :

Salut. Tu n'arrêtes pas de dire à tout le monde que je suis louche, donc voilà une tâche louche pour toi.

- Remplis les carrés en fonction des indices chiffrés que j'ai été bien gentil de te procurer.
- Ces chiffres indiquent, dans l'ordre de lecture, de gauche à droite ou de haut en bas, la longueur de chaque série de carrés remplis dans chaque ligne ou chaque colonne.
- Il doit y avoir au moins un carré vide entre chaque série de carrés remplis dans une même ligne ou une même colonne.
- Quand tu auras fini, regarde bien ce que tu viens de créer. On va dire que je peux très bien appuyer là-dessus si tu me cherches encore une fois.

Vous ouvrez l'image, et vous voyez cette grille :

C'est donc à vous de vous débrouiller pour déchiffrer l'énigme.
Quelle image est révélée par cette grille ?

			3	3	2		7	7	7		2	3	3		
	6	8	3	3	2	3	2	2	2	3	2	3	3	8	6
3															
3															
2, 3, 2															
3, 3, 3															
3, 3, 3															
3, 3, 3															
2, 3, 2															
2, 2															
2, 2															
2, 2															
3, 3															
3, 3															
4, 4															
9															
5															

22. Unir et conquérir

Vous communiquez en ce moment avec un ponte du gouvernement. Ce n'est pas dans vos habitudes, mais vous pensez qu'il s'agit d'un type bien. Il est resté extrêmement discret jusqu'ici – révéler votre collaboration serait catastrophique pour lui comme pour vous – mais il vient enfin de vous donner un indice sur ce qu'il attend de vous.

En guise d'explication, il vous a envoyé trois e-mails l'un après l'autre.
Pouvez-vous deviner à partir de ces informations bien cryptiques de quelle tâche secrète il s'agit ?

E-mail 1

TOVZ
O
DSIR N IN
SCE

E-mail 2

RUE
MN
OSE E LGE
ERT

E-mail 3

Une chose à la fois : 1 puis 2 puis 1 et ainsi de suite.

23. Le masque

Quelqu'un de douteux vient de vous envoyer un code d'accès à cinq chiffres. Vous n'êtes pas certain de pouvoir faire confiance à cette personne qui officie généralement dans l'ombre, et vous pensez qu'elle essaie de vous piéger. Voici l'image qu'elle vous a envoyée :

Vous tapez 68532 mais ça ne marche pas. Les chiffres sont les bons, mais pas dans le bon ordre. On dirait bien que l'image a été trafiquée, et vous venez de comprendre que vous n'aviez plus qu'un essai.

Il s'agit de ne vraiment pas se tromper.
Quel code tapez-vous ?

24. Entrée scannée

Une lettre atterrit sur votre paillasson, livrée en personne. Ce n'est pas idéal – vous détestez l'idée que des gens sachent où vous habitez – mais vous l'ouvrez quand même. Vous y trouvez une petite clé USB. Étrange…

L'enveloppe contient aussi une simple lettre imprimée :

> Désolé d'être venu vous déposer cette lettre, mais je vous jure que vous pouvez me faire confiance. Il y a sur cette clé USB plusieurs fichiers qui devraient vous aider dans votre travail. J'ai cru comprendre que vous pistiez un certain individu qui n'apprécierait pas du tout d'être suivi – mais il est dans l'intérêt de tout le monde que vous continuiez et qu'il puisse être empêché d'agir.
>
> La clé USB contient des preuves de ses activités pour le moins illégales, ainsi que quelques autres informations compromettantes qui vous intéresseront peut-être.
> Vous remarquerez que ces fichiers sont protégés,
> mais je vous ai donné le mot de passe pour les ouvrir,
> il est dans cette enveloppe. Scannez bien tout,
> puis utilisez un chiffre sur cinq.
>
> Vous allez y arriver.
>
> Bonne chance,
>
> Un ami qui vous veut du bien

Vous lisez la lettre plusieurs fois, en espérant y trouver d'autres indices, mais vous ne trouvez rien. L'enveloppe contient, outre cette lettre, une petite feuille de papier sur laquelle est imprimé un code-barre distordu.
À quoi sert-il ?

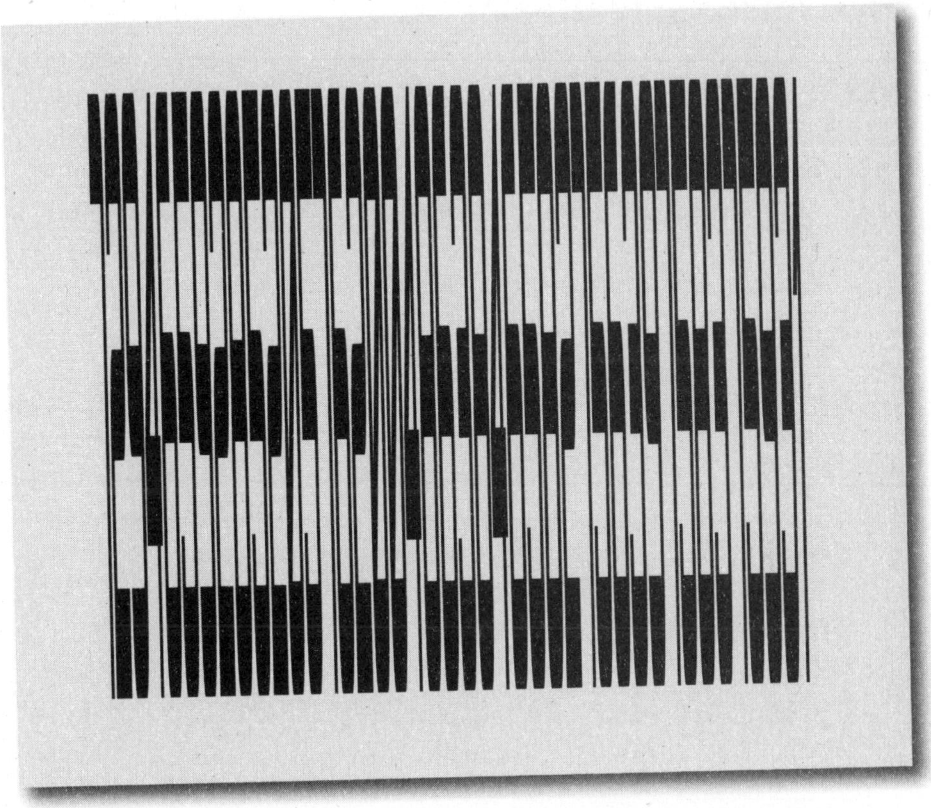

Vous branchez la clé USB et parcourez son contenu. Plusieurs dossiers s'affichent, mais en effet, ils sont tous protégés par mot de passe. Vous vous creusez la tête pour essayer de comprendre ce que signifie ce message, et ce que l'expéditeur veut dire par « scannez bien tout, puis utilisez un chiffre sur cinq ».

Vous vous triturez les doigts et tournez le bout de papier dans tous les sens. Puis vous avez un flash : vous comprenez que le secret est simplement de regarder les choses sous un nouvel angle.

Quel est le mot de passe pour ouvrir les fichiers ?

25. Micropoints

Tout le monde ne travaille pas avec des moyens de haute technologie, et vous vous retrouvez parfois à communiquer avec des gens dont les méthodes sont inhabituelles. Généralement, il vaut mieux ne pas poser trop de questions aux gens qui vous contactent anonymement, ce qui crée quand même parfois des problèmes de transmission.

Vous êtes en train d'essayer de décrypter des fichiers qui vous ont été envoyés par une caméra à micropoints, mais vous êtes confronté à deux problèmes. Premièrement, deux des images ne vous donnent aucune information valable. Deuxièmement, il faut apparemment un mot de passe à quatre chiffres pour accéder à la prochaine fournée de fichiers.

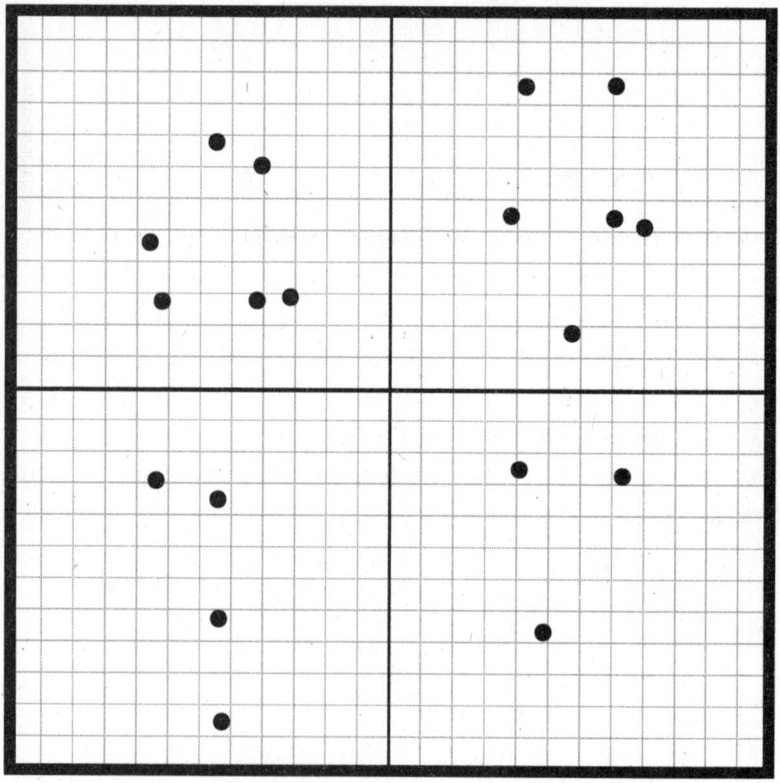

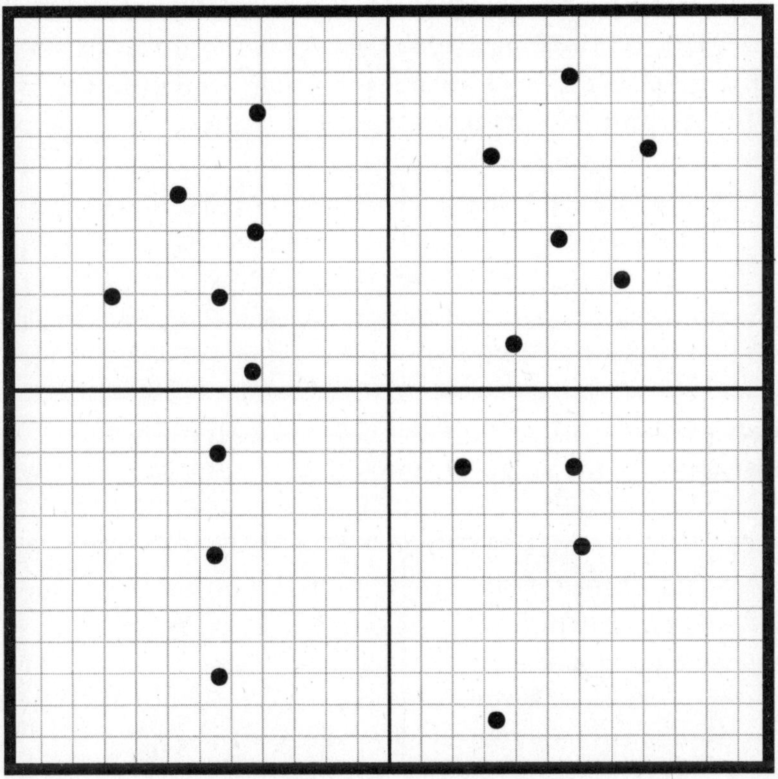

Après quelque temps, vous réalisez que chaque image ne contient que la moitié des informations recherchées.

Arriverez-vous à combiner les informations contenues dans les deux images afin de trouver les quatre chiffres dont vous avez besoin ?

26. Entrez à vos risques et périls

Vous avez pu obtenir des plans ultra secrets dans le cadre d'un projet de surveillance. Vous envisagez de les passer à un client qui – pour une raison inconnue – espère accéder à ces bâtiments un jour. Mieux vaut ne pas poser de questions.

Le rez-de-chaussée de chacun des bâtiments a été divisé en plusieurs petits bureaux à cloisons et vestibules – sans doute pour procurer aux employés des lieux une certaine intimité par rapport à leurs collègues. Mais il en résulte un système compliqué de couloirs reliés de façon très limitée.

Vous avez quatre plans, un pour chaque bâtiment. Sur les quatre plans suivants, vous devez pouvoir pénétrer dans le bâtiment par la porte indiquée par une flèche, et suivre un trajet vous emmenant jusqu'à la sortie par une porte différente. Mais quelque chose ne va pas, car dans l'un des bâtiments, il est possible d'entrer, mais pas de sortir par l'autre côté.

Lequel de ces quatre rez-de-chaussée est divisé en deux zones complètement indépendantes ?

A

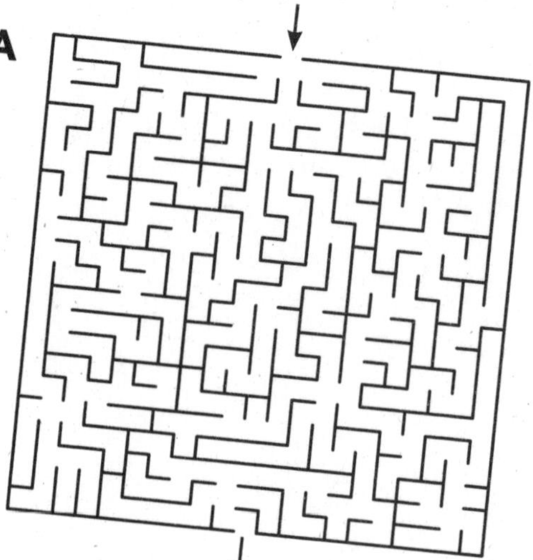

B

C

D

27. Problèmes d'images

Vous parcourez en ligne les fichiers personnels de quelqu'un quand vous tombez sur l'image suivante, intitulée « Nom d'utilisateur ». C'est le jackpot !

Vous cherchiez à identifier son nom d'utilisateur sur quelques sites importants, donc cette image pourrait bien vous aider.

Mais quand vous l'ouvrez, elle apparaît bien abîmée et se divise en deux sections :

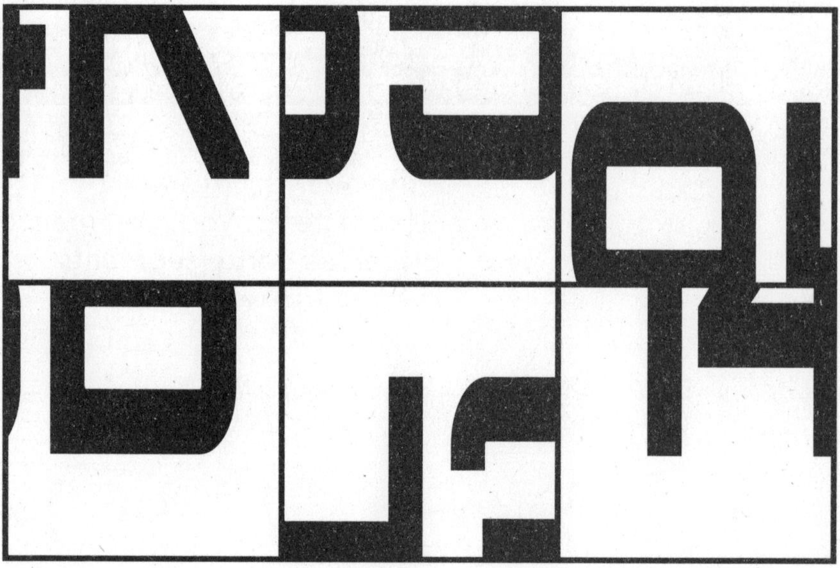

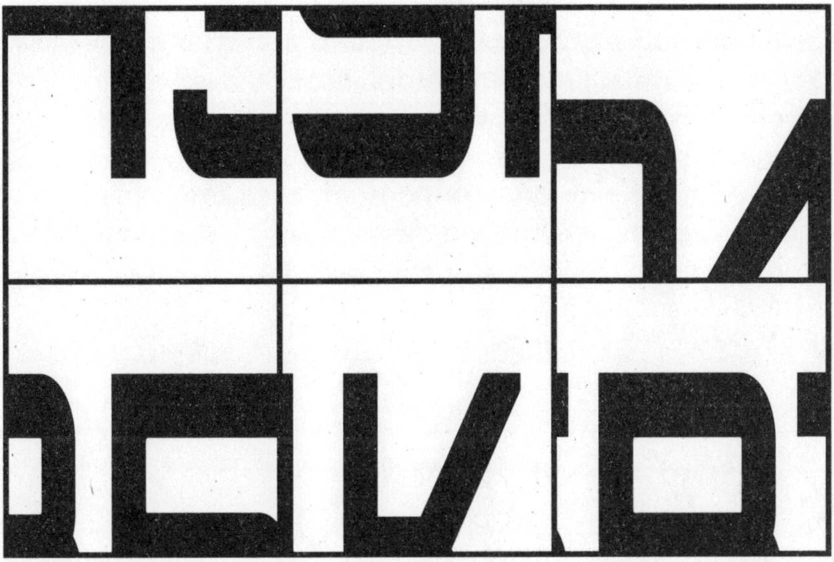

Vos recherches préalables vous indiquent que le nom d'utilisateur se compose de huit caractères. Vous commencez par dessiner une grille pour y placer les douze segments d'image :

Pouvez-vous redessiner les douze segments dans la grille vide afin de révéler le nom d'utilisateur caché ?
Vous êtes sûr qu'aucun des segments ne doit être retourné ni inversé.

28. Déchiffrez le code

Cela fait des jours que vous travaillez à pénétrer un système de sécurité particulièrement retors, et vous avez atteint le dernier obstacle. Afin de désactiver le dernier pare-feu, vous devez utiliser un code à quatre chiffres. Mais tout ce que l'écran affiche pour le moment, c'est une série de symboles avec des chiffres en dessous, soit beaucoup plus d'informations que les quatre chiffres dont vous avez besoin :

3426

9721

9421

9781

3421

Vous essayez de saisir les cinq codes en question, mais aucun ne fonctionne. Rien ne semble pouvoir vous aider, et malgré tous vos efforts, vous n'arrivez pas non plus à convertir en chiffres ces symboles à base de flèches croisées.

Après un certain temps, cependant, l'image suivante s'affiche, suivie d'une invite :

????

ENTREZ LE CODE ICI :

_ _ _ _

Il semble donc que vous allez devoir déterminer quel nombre à quatre chiffres doit correspondre à cette ultime image de flèches croisées, et l'utiliser en guise de code.

Pouvez-vous déchiffrer le code fléché et trouver ce nombre à quatre chiffres ?

29. Le compte est bon

Vous êtes en plein inventaire de votre matériel, et ce n'est pas une mince affaire. Vous souhaitez remplacer certains de vos câbles, mais vous devez d'abord savoir combien de câbles de chaque type vous possédez.

Chaque appareil de votre installation comprend deux câbles le reliant à d'autres machines : un rouge et un vert. Les câbles rouges font deux mètres de long et les verts trois mètres. Chaque appareil est connecté à exactement un câble de chaque couleur. Vous décidez de remplacer tous les câbles rouges.

Si la longueur totale de tous les câbles utilisés actuellement est de 30 mètres, de combien d'appareils disposez-vous à l'heure actuelle et quelle est la longueur totale des câbles rouges à remplacer ?

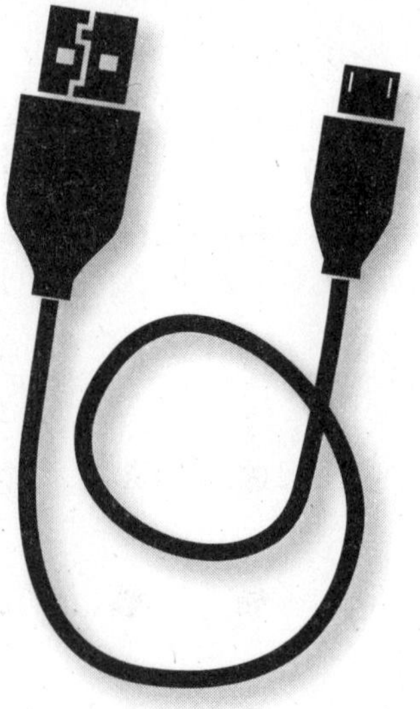

30. Chaînons manquants

Vous êtes habitué aux connexions en ligne, mais vous voilà confronté à un problème de connectivité différent : un circuit imprimé vous a été livré et certains de ses composants doivent être connectés pour former une boucle.

Sur le circuit ci-dessous, tracez des lignes supplémentaires de telle sorte que chaque point soit connecté horizontalement ou verticalement à deux autres points et qu'une boucle complète soit créée. La boucle ne doit pas se croiser ni revenir sur elle-même afin d'éviter un court-circuit. Certaines parties de cette boucle vous sont déjà indiquées, mais vous devez finir le travail.

Pouvez-vous terminer la connexion de ce circuit imprimé ?

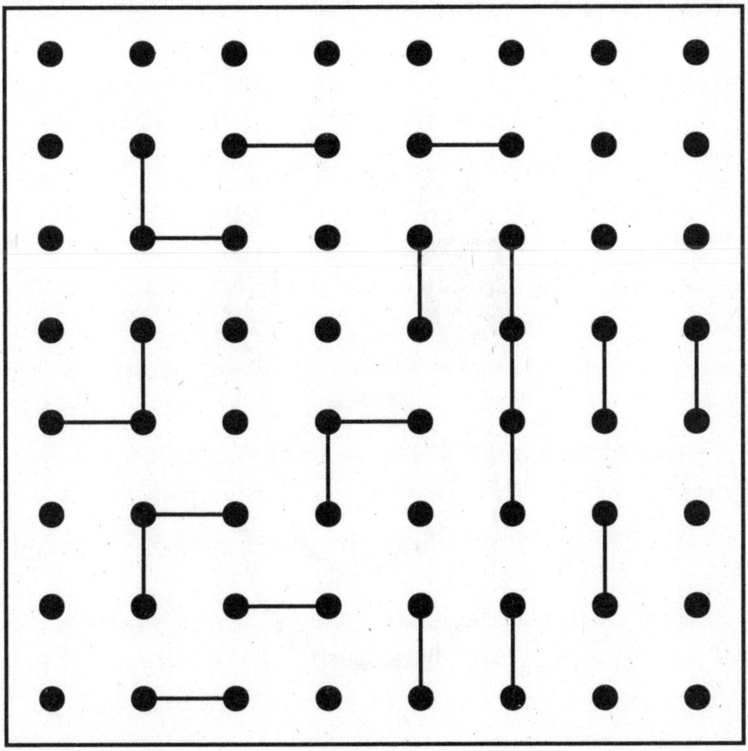

31. S'intégrer

Vous essayez d'entrer dans un salon de conversation crypté, mais la sécurité est très sévère. C'est bon signe, car vous devez savoir que tout est bien sécurisé si vous devenez membre. Néanmoins, c'est assez énervant – vous devez entrer dans ce salon d'une manière ou d'une autre.

Après que vos techniques habituelles ont échoué, vous recevez un message de quelqu'un qui est déjà dans le salon. Voici ce que cette personne vous dit :

> Nous avons remarqué que vous tentiez d'entrer depuis un moment. Vous avez passé notre test initial, mais nous voulons être sûrs que vous êtes sérieux. Nous nous sommes déjà fait avoir, et nous ne pouvons prendre aucun risque.
>
> Il vous faut un code à quatre chiffres pour entrer. J'ai établi une liste de quelques possibilités ci-dessous. Le code est dans cette liste.
>
> Vérifiez votre courrier électronique. Je vous ai envoyé une pièce jointe qui devrait vous aider à déterminer quel code utiliser. Presque tous les codes à quatre chiffres entrent dans la grille, horizontalement ou verticalement. Mais comme nous cherchons des gens qui ne s'intègrent pas vraiment, c'est le code qui n'entre pas dans la grille qui vous permettra d'entrer dans le salon.
>
> Répondez à cet e-mail avec le code à quatre chiffres correct et nous vous donnerons un accès. Si vous vous trompez, vous serez banni à vie.
>
> Bonne chance !

On ne saurait être plus clair. Les défis ne vous font pas peur. Vous allez au bas du message et vous y découvrez les codes à quatre chiffres suivants :

8714	6287	1352
2531	9428	4173
5896	3649	7965

Vous ouvrez votre boîte de courrier électronique et vous y trouvez l'image d'une grille dans laquelle placer les nombres. Un chiffre a déjà été placé pour que vous puissiez commencer :

Quel est le code qui ne peut pas être écrit dans la grilles, et que vous devez envoyer pour entrer dans le salon ?

32. Par le trou de la serrure

Vous envisagez d'accepter du travail de la part d'un client potentiellement lucratif, mais il souhaite tester votre souci du détail avant de vous confier des tâches risquées. Il vous a envoyé la photo d'un circuit imprimé et il veut que vous l'examiniez attentivement :

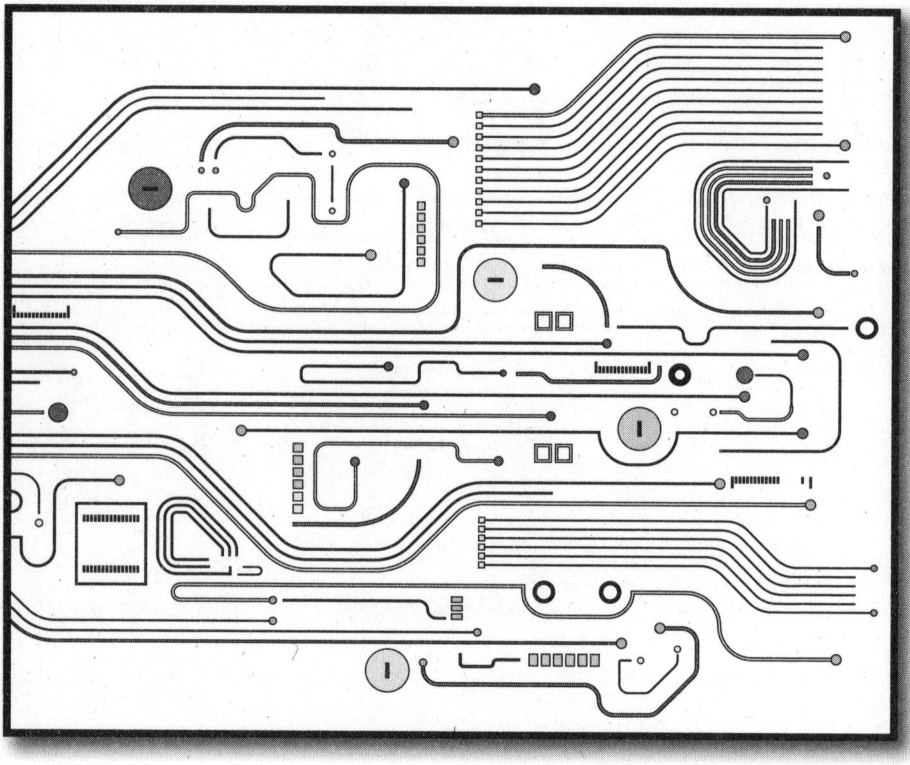

Dans un autre message, il vous envoie six autres images. À première vue, il semble qu'il s'agisse de gros plans du circuit imprimé vus à travers le trou d'une serrure :

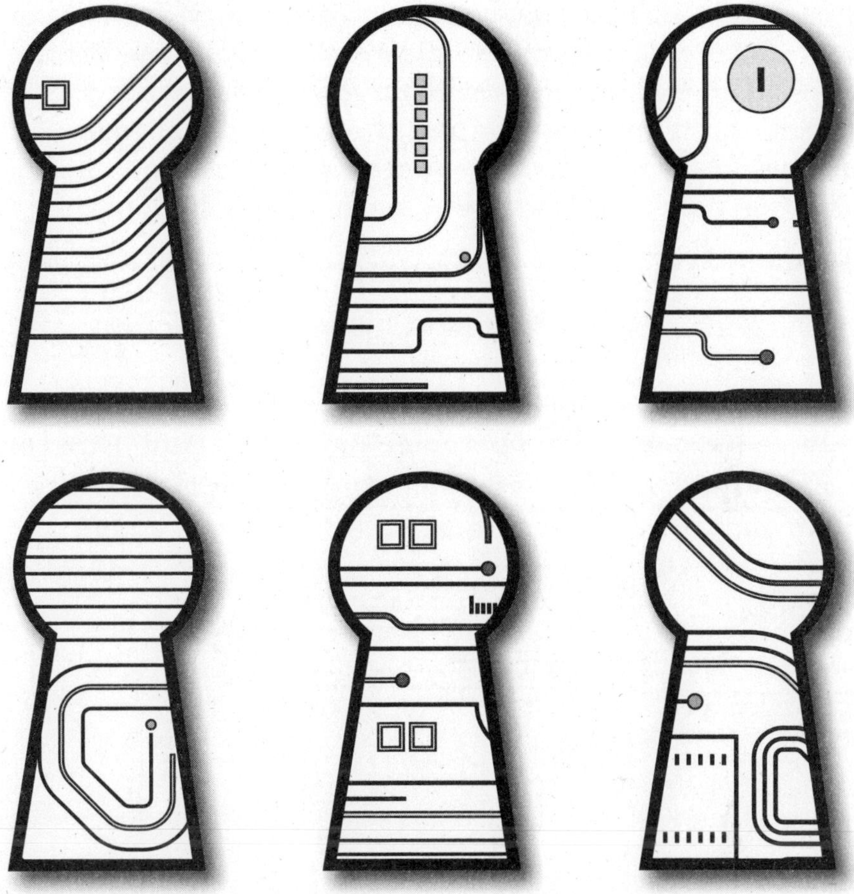

Seule l'une des serrures montre un vrai gros plan du circuit imprimé. **Laquelle ?**

33. Message mélangé

Il y a des années de cela, vous vous êtes associé à un hackeur pour pénétrer le système de sécurité en ligne d'une banque. Cela fait un moment maintenant que vous siphonnez tous les deux gentiment les comptes d'épargne des clients les plus riches de la banque – des sommes assez petites pour que personne ne remarque rien, mais suffisantes pour assurer votre train de vie pendant que vous travaillez sur d'autres projets. Un jour, votre ami vous envoie ce message sur une messagerie cryptée :

> Je ne suis pas sûr qu'on soit si discrets que ça. Je crois que la banque nous surveille. Pour l'instant, j'ai ouvert un nouveau compte pour qu'on y mette l'argent au cas où elle essaierait de l'envoyer ailleurs. Voici le numéro de compte à six chiffres :

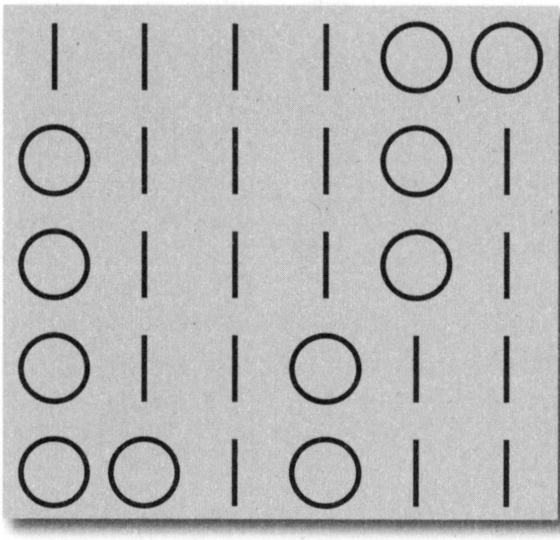

Votre ami est en général soucieux du détail, mais vous ne comprenez rien. Serait-ce du code binaire ? Vous essayez quelques combinaisons en binaire, mais rien n'a de sens. Vous ne voyez pas du tout comment obtenir six chiffres à partir de cela, et vous demandez à votre ami de quoi il retourne.

Il vous répond par un e-mail envoyé dans une de vos boîtes sécurisées. Cette fois, il s'agit d'une représentation des chiffres de 0 à 9 en code morse :

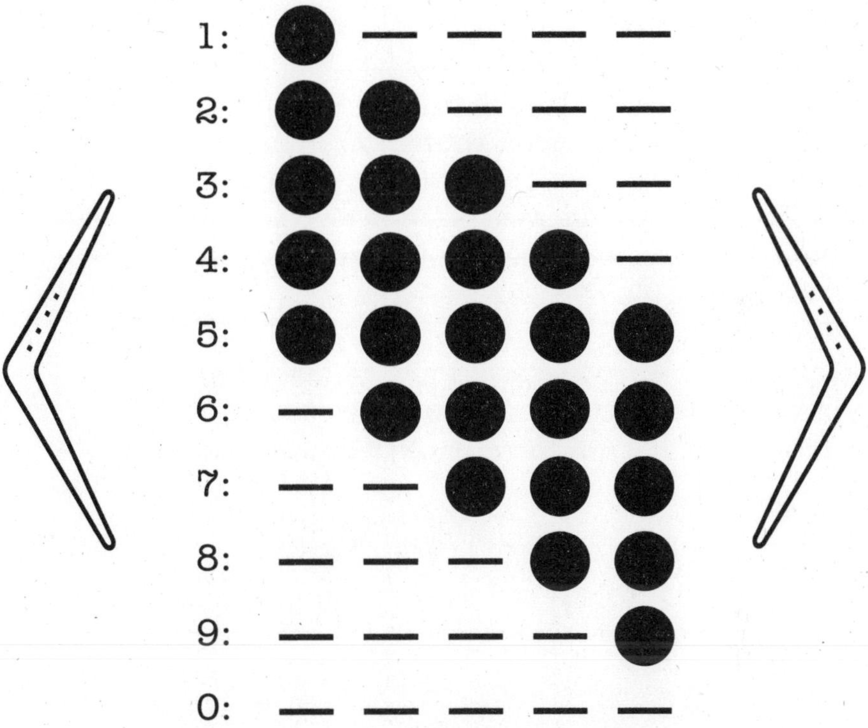

Ce qui n'a aucun sens non plus – aucune des lignes ne correspond aux chiffres en morse. Que se passe-t-il ?

Enfin, votre ami vous écrit par la messagerie cryptée :

```
Il faut que tu fasses tourner. Si tu veux un indice,
le premier chiffre est 4.
```

Après un certain temps, vous arrivez à comprendre son système. **Quel est le numéro de compte à six chiffres ?**

34. Cycle essorage

Des façons intelligentes de protéger des informations en ligne, vous en avez vu passer, et celle-ci est vraiment créative. Votre cible a créé cette roue ressemblant à celle d'un coffre-fort, qui se débloque avec un code à six chiffres. Vous n'avez pas le choix si vous voulez voir ses fichiers : il faut trouver le code.

Il n'y a qu'une façon de faire tourner les molettes pour aligner les chiffres afin qu'aucun d'entre eux (en partant du centre) ne touche un voisin éloigné de lui de moins de deux unités. 392753 fonctionnerait, mais 327844 ne fonctionnerait pas, car le 3 et le 2 se toucheraient, le 7 et le 8 aussi, et le 4 et le 4 aussi.

Faites tourner les molettes jusqu'à ce que les cinq codes à six chiffres respectent cette règle. Le code que vous cherchez est celui qui commence par 3. **Lequel est-ce ?**

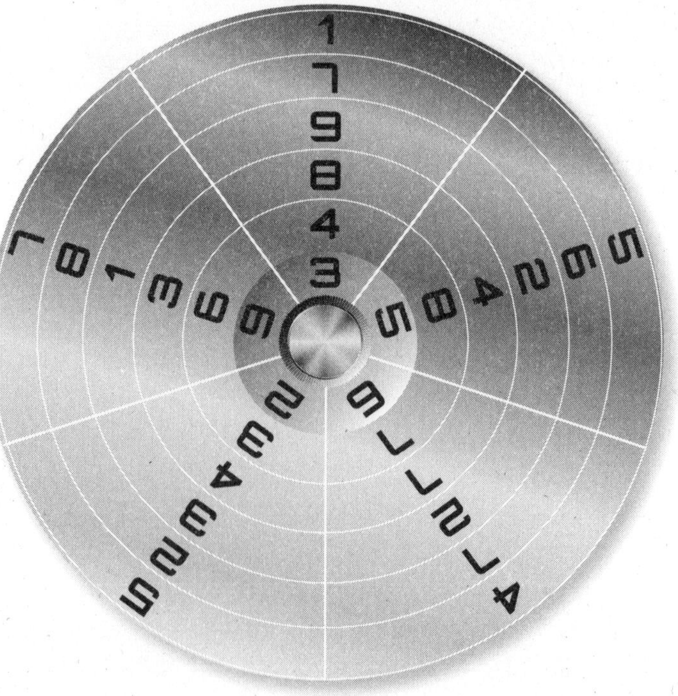

35. Coordination

De temps en temps, les hackeurs se font hacker – quelle ironie ! Quelqu'un a décidé de vous prendre pour cible et a déjà obtenu un accès limité à votre réseau interne. Vous pourriez riposter, mais vous avez décidé de lui envoyer un petit avertissement : au lieu de le localiser virtuellement, vous voulez lui montrer que vous pouvez le trouver géographiquement.

Dans la grille ci-dessous sont dissimulées les coordonnées de l'endroit où il se trouve. Placez un chiffre de 1 à 6 dans chaque case vide, de sorte qu'aucun chiffre ne se répète dans une même ligne, une même colonne ou un groupe de 3 × 2 cases délimité en traits plus larges. Quand vous aurez fini, la ligne grisée révélera (de gauche à droite) la longitude est et la colonne grisée (de haut en bas) la latitude nord.
Où se cache votre hackeur ?

3				4	1
1			3		
	2				
				5	
		3			2
2	4				5

Entrez les coordonnées ici :

_ _ ° _ _ ′ _ _ ″ N

_ _ ° _ _ ′ _ _ ″ E

36. Requête QR

Une vague connaissance d'un milieu douteux vous a envoyé une liste de codes QR. Selon cette personne, ils renvoient vers divers sites web où vous pourrez investir dans de lucratives cryptomonnaies. Elle vous assure qu'aucun de ces sites ne pourra vous pister, copier vos données ou affecter votre système informatique de quelque manière que ce soit. Bien sûr.

Vous n'avez aucune confiance en cet individu. Pour commencer, il dit vous avoir envoyé huit codes QR différents, mais ils se ressemblent tous beaucoup. De fait, deux d'entre eux sont complètement identiques. **Quels sont les deux codes QR identiques ?**

A

B

C

D

E

F

G

H

Note : Ces codes QR ne fonctionnent pas. Cette énigme ne nécessite pas d'utiliser un lecteur de codes QR.

37. Décisions décisions

Vous voulez prendre un peu de travail en plus pour payer vos factures, et vous avez contacté plusieurs clients potentiels.

Vous ne voulez accepter qu'un seul projet, ce qui complique les choses car tous ces prospects vous demandent un investissement en temps différent et vous proposent un montant différent.

- R a besoin de vous pour la moitié du temps de Q.
- F a besoin de vous pour dix jours.
- R est celui qui paie le moins.
- Q a besoin de vous pour trois fois plus de temps que celui qui paie le mieux.

C'est le moment de choisir.

Pendant combien de temps chacun a-t-il besoin de vous, et qui paie le plus, et le moins ?

38. Bloqué

Défier la cybersécurité est une science et un art. Cette fois, il va falloir utiliser ces deux talents pour accéder aux fichiers d'un cabinet d'architecte.

Vous savez que l'image ci-dessous contient des indices concernant le code à trois chiffres requis pour accéder à ce réseau interne.

Même si cela ressemble au plan d'une construction, vous savez qu'avec cette société, tout sera affaire de perspective.

Pouvez-vous regarder ce plan d'une autre manière et trouver le code à trois chiffres ?

39. Mener la danse

Vous attendez qu'un ami vous envoie des fichiers quand vous recevez un e-mail avec une pièce jointe bien étrange :

Très étrange en effet : aucun texte, pas d'autres fichiers, et aucun indice. Votre ami a tendance à n'en faire qu'à sa tête, mais même pour lui, ceci est inhabituel. Vous imprimez l'image, au cas où. Apparemment, il va falloir être patient.

Le lendemain, un autre e-mail atterrit dans votre boîte de réception. Les fichiers promis sont attachés, mais ils sont protégés par un mot de passe. Il y a aussi un peu de texte, et une image assez dépouillée en bas du message :

> Pars du « x » et sers-toi de la première image que je t'ai envoyée pour te guider. Quand tu auras les quatre chiffres, ce sera bon.

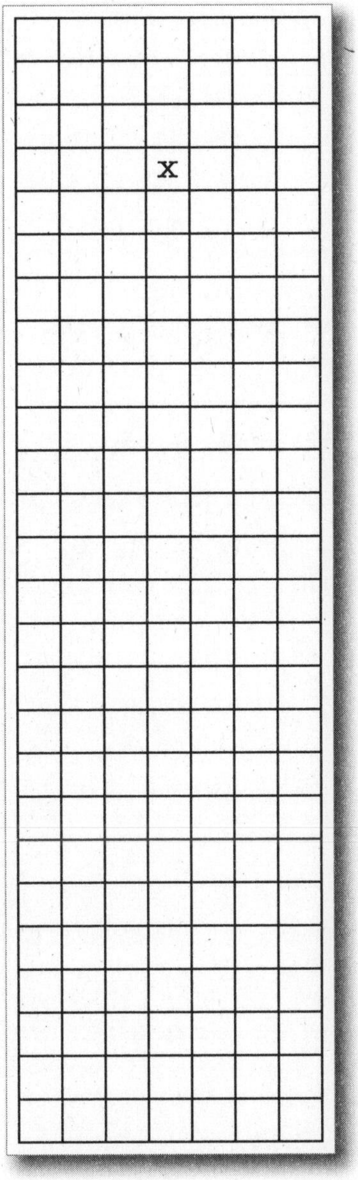

Il est clair que votre ami n'aime pas la facilité.
Quel est le mot de passe à quatre chiffres ?

40. Séquence d'écrémage

Il se peut (ou non...) que vous ayez utilisé un nouveau logiciel de surveillance wifi pour intercepter des transactions par carte bancaire dans votre quartier. Après un certain temps, vous remarquez tout de même que les numéros que vous obtenez semblent douteux : ils ne ressemblent pas à des numéros de carte valides. Vous pensez que quelqu'un interfère avec votre logiciel, et vous vous demandez si un motif se dégage des numéros obtenus.

Voici les six derniers numéros de carte bancaire interceptés par votre logiciel :

6121-8243-0364-2485

4812-1620-2428-3236

3691-2151-8212-4273

8162-4324-0485-6647

5101-5202-5303-5404

7142-1283-5424-9566

Si votre hypothèse se vérifie, et si ces numéros suivent un motif, alors lequel de ces quatre numéros est le plus susceptible d'être « détecté » par votre logiciel ?

a. 1234-5678-9012-3456

b. 2468-1012-1416-1820

c. 1112-1314-1516-1718

d. 0102-0304-5060-7080

41. Plus de place

Vous souhaitez mieux classer vos clés USB, car vous en avez beaucoup et c'est une bonne idée de les organiser correctement, étant donné la quantité d'informations compromettantes qu'elles contiennent – pas seulement sur vous, mais aussi sur d'autres personnes.

Pour l'instant, vous les gardez rangées dans une boîte fermée par un cadenas dont vous êtes seul à connaître la combinaison. Mais depuis quelque temps, vous en avez utilisé des supplémentaires, qui ne peuvent pas entrer dans la boîte.

Vous les comptez rapidement : il y a seize clés USB supplémentaires.

En cherchant une autre boîte, vous en voyez une qui pourrait correspondre : elle est 60 % plus grande que l'autre. Autrement dit, vous pourriez y mettre toutes vos clés USB et avoir encore de la place pour quatorze de plus.

Combien de clés USB peuvent rentrer dans votre boîte actuelle – et combien de clés USB possédez-vous ?

42. Empreintes digitales

L'un de vos contacts hackeurs a laissé ses empreintes partout, numériquement parlant. Il a utilisé l'image ci-dessous comme un marqueur sur certains sites web afin d'informer les gens qui le suivent de ses allées et venues :

En étudiant certains de ses piratages supposés, vous remarquez néanmoins qu'il se passe quelque chose de bizarre : il s'avère que certaines des images d'empreinte digitale qu'il a laissées dans son sillage ne correspondent pas exactement à celle qu'il utilise normalement.

Vous avez trouvé jusqu'ici quatre fragments de l'empreinte supposée, mais une seule d'entre elles correspond à celle de votre contact :

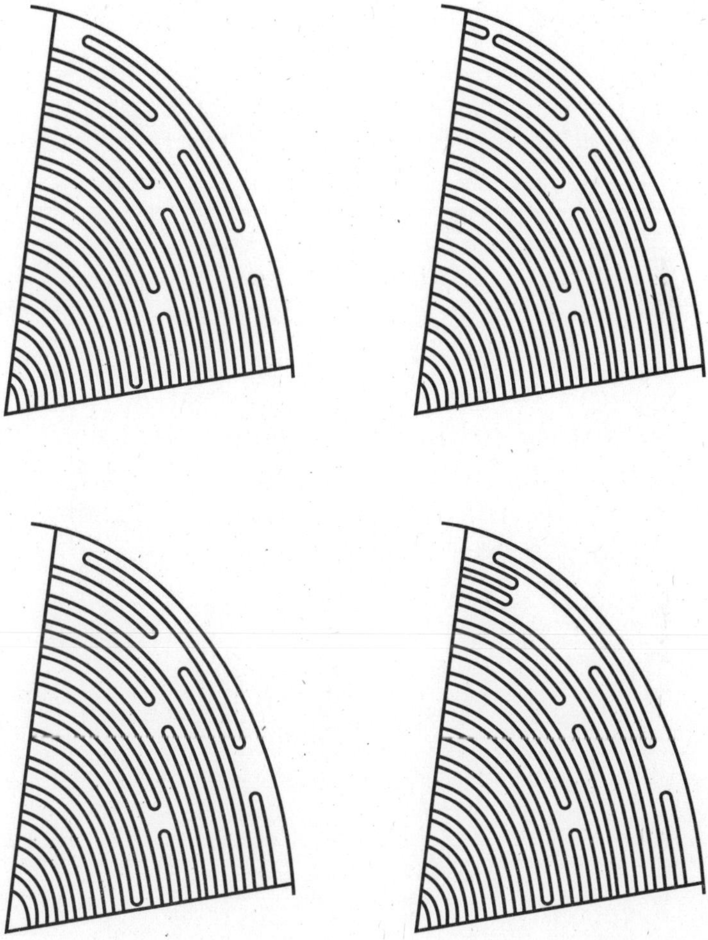

Lequel de ces fragments correspond exactement à la première image ?

43. La clé

Quand vous rentrez chez vous, vous vous apercevez que quelqu'un s'est introduit dans votre appartement ! Mieux vaudrait changer les serrures et améliorer le système d'alarme. Apparemment, l'intrus n'a rien pris cette fois-ci, ni même allumé votre ordinateur, mais il y a un message collé sur votre bureau :

Passez-moi un coup de fil.

Composez les numéros sur les touches dans l'ordre.

0 ne veut rien dire.

En regardant le clavier de votre ordinateur, vous constatez que la personne y a effectué quelques modifications. Elle a effacé toutes les inscriptions, sauf sur les chiffres, qui ont été réordonnés :

Vous essayez de composer le 462981753 – en laissant le 0 de côté – mais cela ne donne rien. Pourquoi « dans l'ordre » ? **Quel numéro à neuf chiffres devez-vous composer ?**

44. Caché à l'intérieur

Vous collaborez avec un ami hackeur sur un projet, et vous êtes sur le point de pénétrer dans un réseau crypté. Votre camarade doit se reposer cette nuit, donc il vous envoie un indice qu'il vient de découvrir au sujet du code à quatre chiffres dont vous allez avoir besoin.

Voici son message :

```
Apparemment, il y a 4 chiffres qui se cachent
à l'intérieur, mais aucun d'entre eux
n'est un 4. Il faut les utiliser pour ouvrir
les fichiers.
```

Quel est le code à quatre chiffres dont vous avez besoin ?

45. Le temps manque

Vous êtes en train de travailler non-stop pour accéder à un réseau qui va bientôt être déconnecté.

Au moment où vous êtes sur le point d'y pénétrer, on vous affiche un compte à rebours qui indique combien d'heures, de minutes et de secondes il vous reste avant que le serveur s'autodétruise. Hélas, l'affichage n'a pas l'air complet :

Cette image incomplète vous intrigue et vous devez deviner combien de temps il vous reste, lorsqu'un message mystérieux surgit sous le compte à rebours :

VOUS N'AVEZ PAS LE BON FOND D'ÉCRAN POUR ÇA. IL VOUS FAUT QUELQUE CHOSE DE BEAUCOUP PLUS SOMBRE.

Ignorant le fait que quelqu'un semble vous surveiller, vous essayez de comprendre ce message. Soudain, vous réalisez que vous regardiez aux mauvais endroits. **Combien de temps vous reste-t-il ?**

46. Voyages mélangés

De temps en temps, on vous contacte pour effectuer un travail de surveillance quand on veut garder la trace d'amis ou de sa famille.

Depuis quelque temps, vous pistez quelqu'un autour du monde – virtuellement, bien sûr – et vous essayez de savoir quel sera son prochain voyage. Si vous en croyez ses publications sur les réseaux sociaux, on dirait bien qu'il va partir loin, et une fouille rapide dans sa boîte de réception révèle un dossier nommé « Itinéraires ». Un sacré indice !

En ouvrant ses e-mails, cependant, vous ne lisez pas les noms de villes auxquels vous vous attendiez. Les lettres semblent mélangées.

Pouvez-vous déterminer quelles seront les huit grandes villes que votre grand voyageur va visiter prochainement ?

NENVIE

RMECHANTES

CEFRELON

ACCOUPLA

PENGOUACHE

ECLAIRE

PTDAUBES

LAITANCE

47. À la barre

Il semble que quelqu'un tente de communiquer avec vous en utilisant des codes-barres pour vous transmettre des nombres. Mais vous avez utilisé un lecteur de codes-barres et aucun nombre n'en sort. Peut-être êtes-vous en train de perdre votre temps, mais vous êtes intrigué. On dirait bien qu'il teste vos capacités afin de savoir si vous allez pouvoir l'aider, car c'est un défi qu'il vient de vous lancer.

Les quatre codes-barres ci-dessous vous ont été envoyés dans une seule pièce jointe. Le mystérieux individu vous assure que les quatre images sont liées, et qu'il y a une séquence numérique cachée dans chacune d'entre elles :

Vous passez du temps à essayer de découvrir les motifs que vous êtes censé chercher, et vous finissez par comprendre ce que les images ont en commun. Après un certain temps, vous recevez cependant un autre message, contenant quatre autres codes-barres, et du texte :

Considérez ceci comme une marque d'intérêt.
Si vous répondez correctement à ce message,
je saurai que vous êtes sérieux et nous poursuivrons.

1

2

3

4

Seul l'un de ces codes-barres est similaire aux
quatre premiers. Pouvez-vous me dire lequel ?
J'espère que vous avez été attentif... Renvoyez-moi
le numéro du code-barres que vous avez choisi.

Avez-vous envie de poursuivre cet échange ?
Quel est le numéro du code-barres qui correspond aux autres ?

48. Le sens du courant

Vous essayez d'accéder à un serveur distant, et vous venez de vous heurter à un mur (virtuel). Vous attendiez un code à quatre chiffres, mais vous recevez ce schéma :

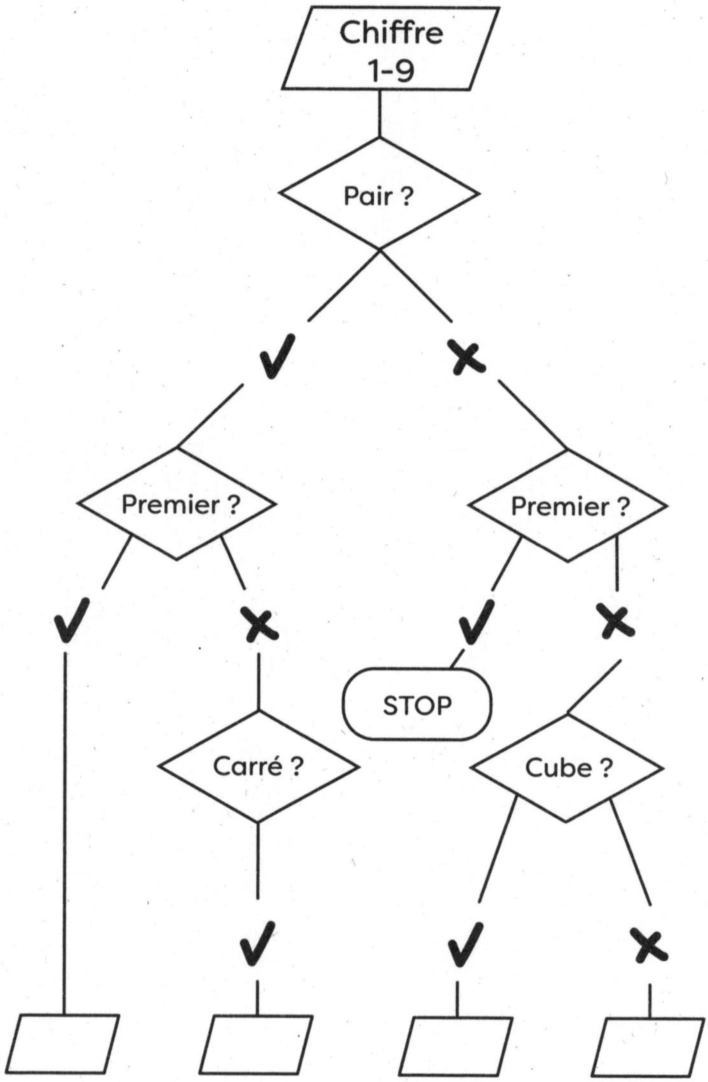

Pourrez-vous suivre le sens du courant et trouver le code à quatre chiffres ?

49. Problème clé

Vous avez reçu plusieurs clés au courrier, dont l'une ouvre selon vous un coffre-fort que vous voulez ouvrir. Elles sont presque identiques, mais une seule est la bonne. Pour des raisons trop longues à expliquer, vous ne pouvez en apporter qu'une seule pour l'essayer sur le coffre-fort. Heureusement, vous disposez d'une image de la bonne clé pour vous aider.

Vous pouvez les faire tourner ou même les retourner.
Laquelle des petites clés correspond exactement à la grande en haut à gauche ?

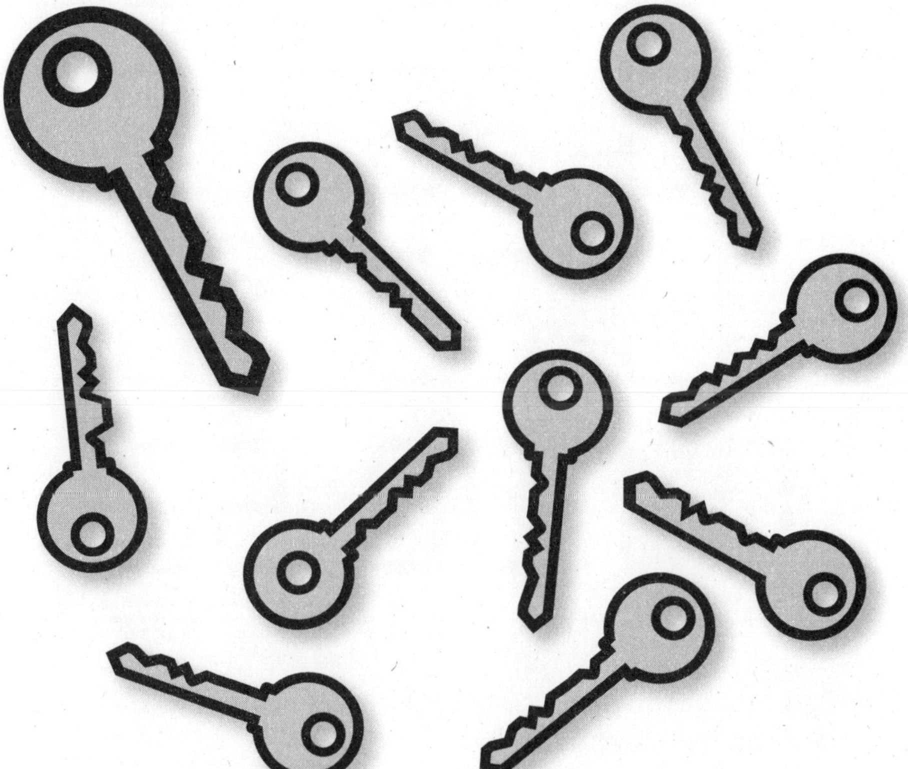

50. Retour dans le temps

Vous êtes en train de visionner des images de vidéosurveillance lorsque vous remarquez que les indications d'horodatage de certaines de ces images ont un problème.

Ces quatre horaires devraient être dans l'ordre chronologique :

Saurez-vous déterminer ce qui cloche, et quels sont les horaires qui devraient s'afficher ?

51. Pris dans la toile

Un client potentiel désire savoir si vous savez analyser les nombres rapidement. Il vous envoie l'image ci-dessous, et veut que vous trouviez la seule façon d'aller de 1 à 9 dans l'ordre, en ne suivant que les lignes entre les chiffres et en passant à un chiffre supérieur à chaque étape.

Pourrez-vous trouver la chaîne ?

52. Composez le numéro

Un de vos contacts possède un disque dur qu'il souhaite que vous récupériez dans un coffre de sa banque. Vous savez qu'il vous faut un code à six chiffres pour accéder à ce coffre, mais la seule information qu'il vous a donnée – dans un e-mail – est l'image suivante, sans explications :

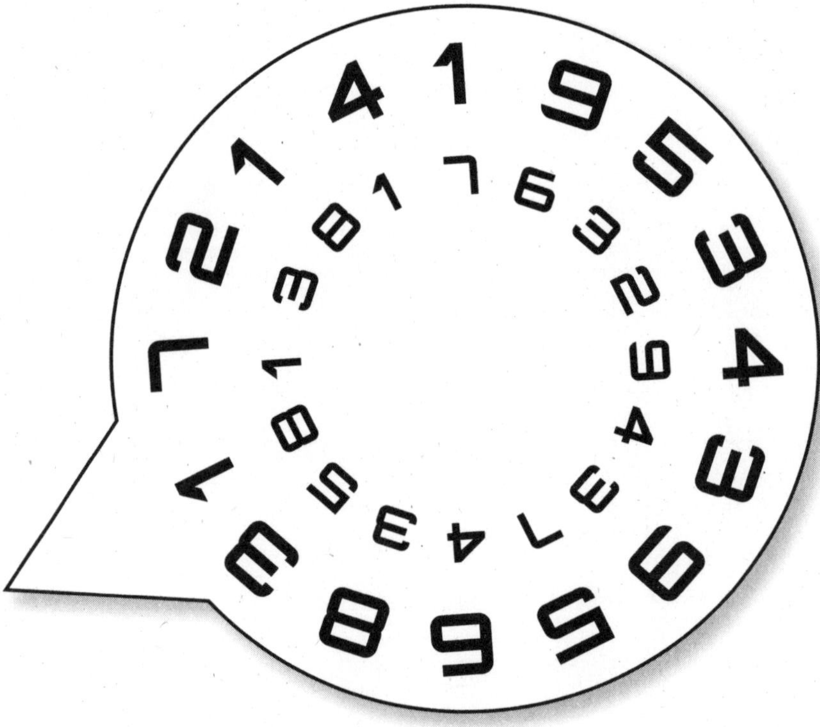

Cela n'a aucun sens en soi, mais vous recevez un peu après l'image suivante, avec comme objet « Du plus grand au plus petit ».

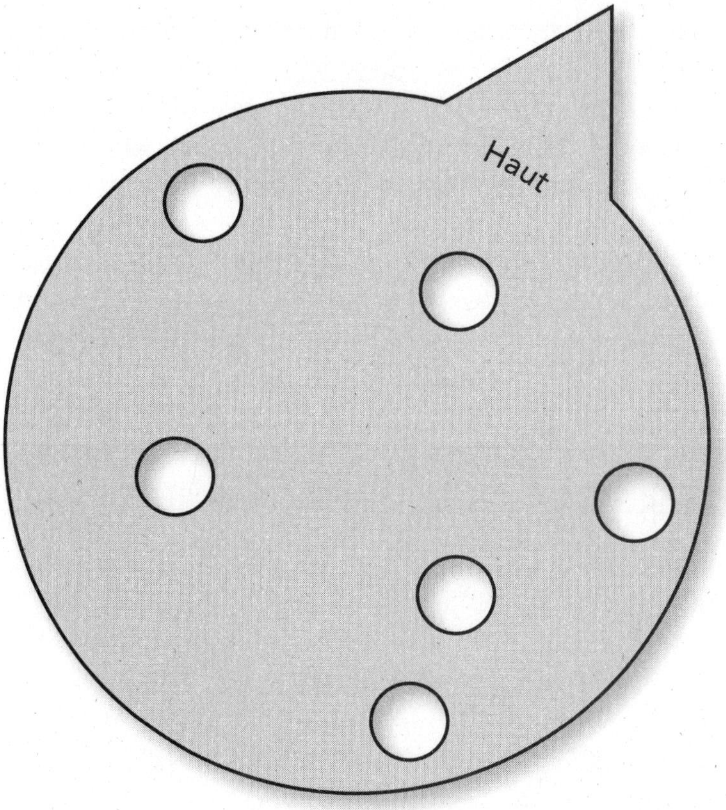

Quel est le code à six chiffres ?

53. Choisir la date

Vous essayez de désactiver une alarme, mais c'est impossible sans un code de sécurité à quatre chiffres. Selon vous, le code doit correspondre à une date au format J/M/AA (un seul chiffre pour le jour et le mois), mais cela ne suffit pas à réduire suffisamment le nombre de possibilités.

Vous fouillez dans quelques fichiers relatifs aux occupants de l'immeuble, en espérant trouver un indice signifiant. Vous ne trouvez aucune date, mais un dossier nommé « Codes alarme ». C'est bon signe.

Vous ouvrez un sous-dossier nommé « Alarme bâtiment », qui ne contient qu'un fichier texte et une image :

```
Instructions pour l'extraction du code
de sécurité :

1. N'utiliser le code qu'en dernier recours.

2. Griser les cases en fonction des indices
   chiffrés.

3. Ces indices fournissent, de gauche
   à droite et de haut en bas, la longueur
   de chaque série de cases grisées
   consécutives dans chaque ligne
   et chaque colonne.

4. Il doit y avoir un espace d'au moins
   une case vide entre chaque série de cases
   grisées dans une même ligne ou une même
   colonne.

5. Lire les chiffres qui en résultent
   de gauche à droite et de haut en bas.

6. UNE SEULE tentative sera acceptée.
```

	7, 7	1, 1, 1, 1, 1	1, 1, 1, 1, 1	1, 1, 1, 1, 1, 1, 1, 1	1, 1, 1, 1, 1, 1, 1	1, 1, 1, 1, 1, 1	7, 7	0	7, 7	1, 3, 1, 1, 1	1, 1, 1, 1, 1, 1	1, 1, 1, 1, 1, 3, 1	1, 1, 1, 1	1, 1, 1, 1	7, 7
7, 7															
1, 1, 1, 1															
1, 4, 4, 1															
1, 1, 2, 1															
1, 2, 1, 4, 1															
1, 1, 1, 1															
7, 7															
0															
7, 7															
1, 1, 1, 1															
4, 1, 1, 1, 1															
1, 1, 1, 1, 1															
1, 4, 1, 1, 1															
1, 1, 1, 1															
7, 7															

54. Problèmes d'attachement

Quelqu'un vous a envoyé un e-mail avec trois fichiers attachés, chacun d'une taille différente.

Vous savez qu'un de ces fichiers contient les informations dont vous avez besoin pour avancer dans votre projet actuel, mais l'expéditeur n'est pas digne de confiance – et surtout vous savez que les deux autres fichiers sont susceptibles de contenir des virus capables de détruire complètement votre installation.
En signe de bonne volonté, il a mis en place un jeu de logique qui devrait – si vous réussissez – vous aider à déterminer lequel des fichiers attachés peut être ouvert sans risque. L'expéditeur suspect a dissimulé les tailles des fichiers individuels, mais il vous a envoyé les indices suivants :

- Le fichier nommé Bleu fait exactement la moitié de l'un des autres fichiers.
- Le fichier Vert fait 4 Mo.
- Le fichier Rouge est 1,5 fois plus gros que le plus petit des fichiers.
- L'un des fichiers fait 3 Mo.
- Seuls les fichiers d'une taille impaire sont sûrs.

Quel(s) fichier(s) peu(ven)t être ouvert(s) sans risque ?

55. Morceaux manquants

Vous devez mettre à jour votre installation informatique, et vous avez commandé du matériel qui devrait arriver sous peu.

Avant que la livraison ait lieu, vous recevez toutefois une facture qui n'a pas l'air correcte, la moitié des informations étant manquantes.

Dans la liste ci-dessous, pouvez-vous remplacer chaque tiret par une lettre pour compléter la liste du matériel ?

T_U_

_C_A_

_O_R_S

_I_Q_E _U_

M_N_T_U_

_A_T_ M_R_

_L_V_E_

V_N_I_A_E_R

56. La carte mère

Vous avez suivi quelques cours en ligne d'électronique et vous avez pris la décision de fabriquer votre propre circuit imprimé. Vous désirez, à terme, apprendre à créer une carte mère tout seul, mais pour l'instant vous vous cantonnerez aux bases.

Vous êtes bien préparé et vous savez déjà quelles sections de la carte électronique doivent être reliées aux autres. Il ne vous reste plus qu'à trouver une manière efficace de relier toutes ces sections entre elles. Vous décidez donc de faire un schéma des futures connexions sur la carte.

Le schéma ci-contre est divisé en sections par les traits en gras. Chacune de ces sections – et tous les petits carrés qu'elle contient – doit être reliée au circuit afin de former une boucle unique qui les reliera toutes.

Plus précisément, vous devez :

- dessiner une boucle unique qui passera par chaque carré une et une seule fois, sans repasser dans aucun carré (autrement dit, la boucle ne doit pas passer sur elle-même). Ne relier deux carrés adjacents qu'horizontalement ou verticalement.

- viser l'obtention d'un système efficace, ainsi la boucle ne pourra entrer et sortir d'une région délimitée en gras qu'une seule fois – une fois sortie d'une section, elle ne pourra plus y rentrer.

Jusqu'ici, tout a l'air simple.

Saurez-vous suivre ces instructions et terminer le schéma du circuit imprimé avant de vous atteler à sa réalisation physique ?

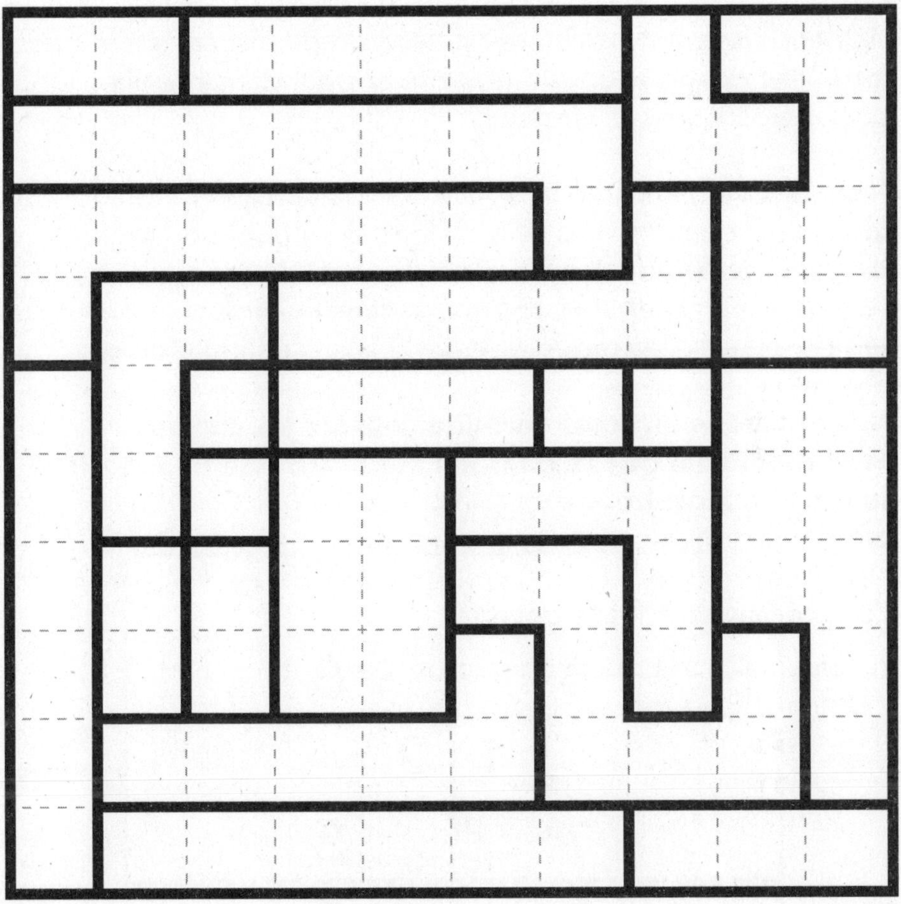

57. S'attaquer au problème

Vous essayez de bloquer l'adresse IP d'une machine malveillante en train de saboter votre réseau interne. Malheureusement, vous êtes submergé de données : vous allez devoir choisir le nombre correct dans la grille partiellement vide ci-dessous.

Pour dévoiler l'adresse IP, qui se compose ici de quatre nombres à deux chiffres, il va falloir faire preuve de logique. Placez un chiffre de 1 à 8 dans chaque case vide, sans qu'aucun chiffre ne se répète dans une ligne, une colonne ou un groupe de 4 × 2 cases délimité en gras.

Puis, quand vous aurez terminé, insérez les chiffres de la diagonale grisée dans la case « Adresse IP », de gauche à droite.

	8					3	
5		4			8		1
			1	2			
		7			5		
		8			6		
			4	1			
8		6			7		3
	5					6	

Adresse IP _ _ . _ _ . _ _ . _ _

58. Un ami inconstant

Vous avez demandé à un ami hackeur de vous aider sur un projet et il vient enfin de réussir à obtenir le mot de passe à six chiffres dont vous avez besoin pour accéder à certains fichiers. Mais quand il vous l'envoie, vous vous rendez compte qu'il a décidé de s'amuser un peu.

Les chiffres dont vous avez besoin ont été écrits en toutes lettres avant d'être morcelés en plusieurs fragments. Ces fragments ont ensuite été classés par ordre alphabétique.

Il vous faut trouver quels mots ont été morcelés, puis écrire ces mots dans l'ordre croissant des chiffres qu'ils désignent afin d'obtenir votre code. Chaque fragment est utilisé une seule fois.

Quel est le code ?

N	IS	HU	C
IT	INQ	PT	UF
NE	U	SE	TRO

59. Aller l'un vers l'autre

Vous avez rendez-vous avec un ami pour lui remettre un disque dur contenant des fichiers avec lesquels aucun de vous ne voudrait être pris. L'échange du disque en face-à-face semble moins risqué que d'envoyer les fichiers en ligne. De plus, il s'agit d'une énorme quantité de données qui ne manquerait pas d'attirer l'attention.

Vous convenez de vous retrouver à un endroit situé quelque part entre vos deux « bureaux ». Aujourd'hui, vous lui livrerez le disque dur avec tous les fichiers qu'il contient. Demain, il vous le rendra en mains propres, les fichiers compromettants ayant été remplacés par des photos de petits chats, ou quelque chose comme ça.

Vous vous êtes non seulement mis d'accord sur un lieu mais aussi sur un itinéraire précis entre vos deux bureaux, itinéraire que vous respecterez tous les deux et qui restera exactement le même pendant ces deux jours. Vous êtes ainsi certains de pouvoir vous croiser à un point ou un autre du trajet, de vous passer le disque dur et de revenir immédiatement chez vous.

Avec votre podomètre, vous constatez que vous avez transporté le disque dur sur une distance de 1 200 mètres entre votre bureau et le lieu de rencontre lors du premier jour, et votre ami a bien sûr fait le reste du trajet vers son bureau. Le lendemain, vous avez chacun marché à des vitesses différentes, et l'emplacement de votre point de rencontre a donc changé. Cette fois, c'était à 1 800 m du bureau de votre ami. Vous ne vouliez pas vous faire prendre en utilisant deux fois le même lieu de rendez-vous.

Une fois que l'échange s'est terminé et que vous êtes rentré chez vous avec le disque dur « propre », vous avez commencé à vous interroger.

Lequel d'entre vous a parcouru la plus grande distance, et de combien ?

60. Chaîne d'e-mails

Il y a quelques semaines, vous avez envoyé un spam dans le cadre d'une expérience : vous vouliez suivre sa progression dans le monde entier et voir qui le renvoyait. En guise de bonus, vous y avez ajouté un logiciel espion.
Cet e-mail est conçu de telle sorte qu'il ne peut être transmis dans sa forme d'origine qu'à une seule personne, dont vous pouvez savoir à distance à qui elle le transfère ensuite. Or ce matin, quelqu'un vous l'a renvoyé – sans savoir que vous en étiez à l'origine, bouclant ainsi la boucle.

C'est maintenant que cela devient amusant :
vous allez devoir déterminer par où cet e-mail a transité.
Tous les points ci-dessous sont des destinataires du message, en commençant par vous, en haut à gauche.

Pouvez-vous relier tous les participants en une boucle unique, et suivre ainsi la progression de l'e-mail ?

La boucle ne peut se croiser ou se toucher elle-même en aucun point. Seules les lignes horizontales et verticales entre les points sont autorisées. Certains morceaux de la boucle sont déjà indiqués.

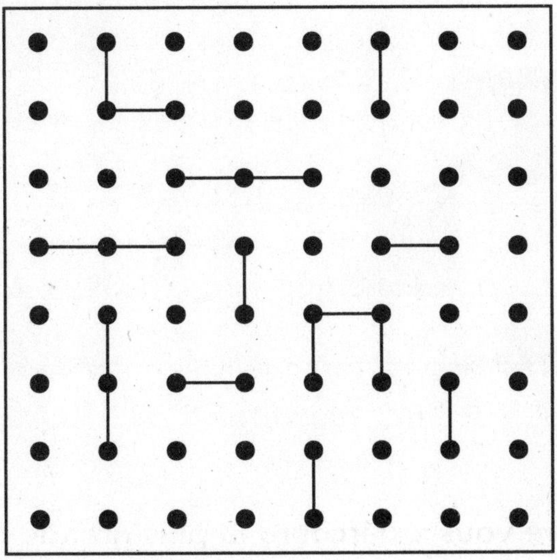

61. Problème de pixels

Comme tout hackeur soucieux de sa propre sécurité, vous avez installé une caméra sur votre sonnette. Personne ne connaît votre véritable adresse – à part le facteur – mais cette caméra sera utile si quelqu'un de bizarre vient frapper à votre porte.

Or, depuis peu, une personne étrange traîne dans les parages. Elle vient tous les jours, sonne à votre porte, regarde l'œil de la caméra et s'en va. Un comportement qui n'est pas du tout suspect ! Votre caméra est programmée pour prendre une photo de toute personne se présentant devant votre porte et la sauvegarder dans un dossier : vous êtes donc certain qu'il s'agit bien de la même personne tous les jours.

Vous commencez à vous demander qui d'autre se présente peut-être à votre porte et vous décidez d'examiner ces photos. Mais lorsque vous ouvrez le dossier, un problème se pose immédiatement : chaque photo s'est transformée en une étrange image pixellisée avec un code d'erreur juste en dessous :

369

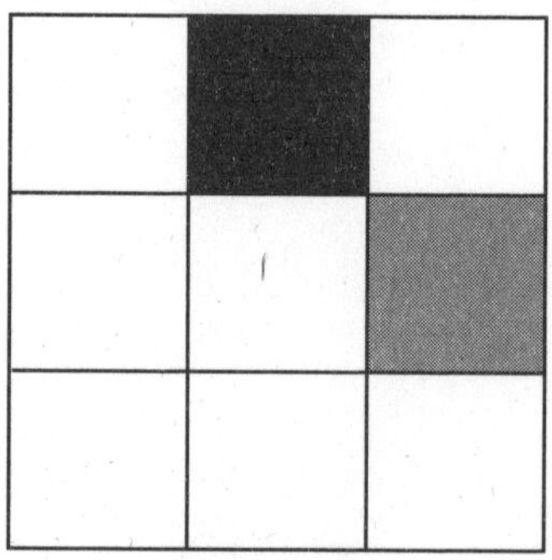

328

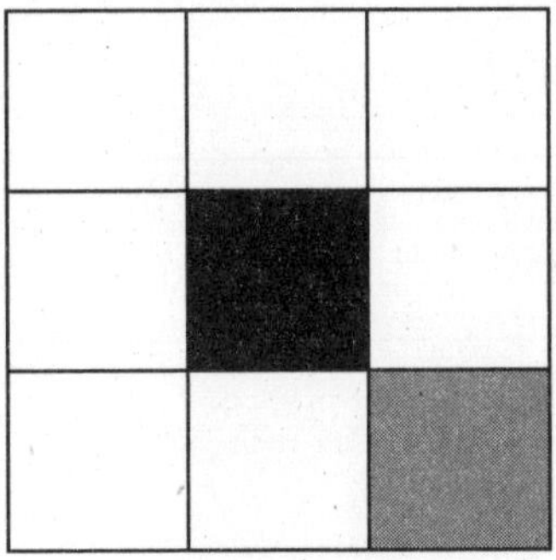

461

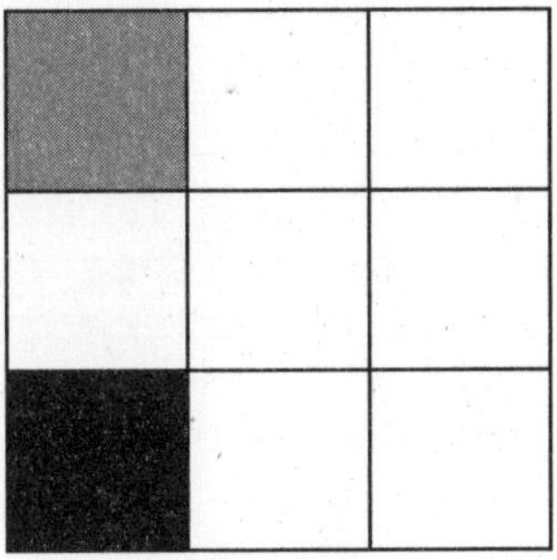

759

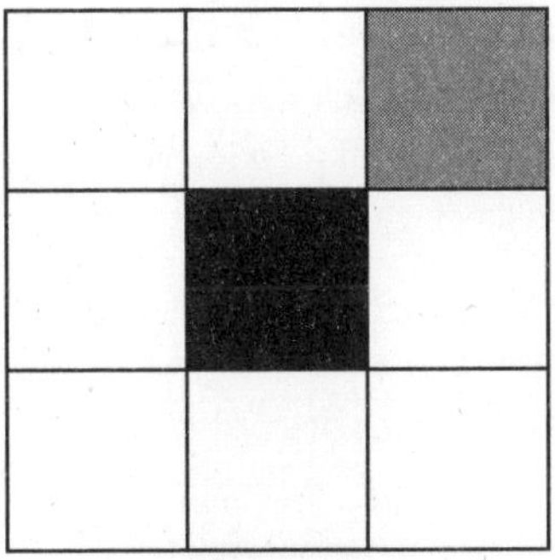

768

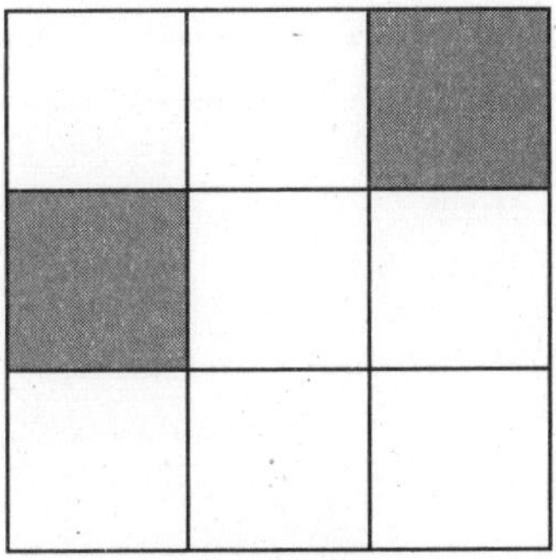

728

Que s'est-il passé ? Vous n'aimez pas du tout cela.

Quelques minutes plus tard, votre ordinateur émet un bip : quelqu'un vous a envoyé un e-mail.

> J'espère que vous ne m'en voulez pas de venir chez vous, mais je n'ai pas eu grand mal à trouver où vous viviez. Comme vous pouvez le constater, vous localiser en ligne et dans la réalité est très facile. Il m'a également été facile de me débarrasser des photos que vous avez prises de moi. Si vous envahissez ma vie privée, j'envahis la vôtre.

Je veux faire la paix. Vous avez fouillé dans mes machines récemment et je n'aime pas ça. Considérez ceci comme un avertissement : continuez à fouiner et je supprime toutes vos données. Si vous me laissez tranquille, je vous laisserai tranquille.

J'ai mis une autre image pour vous dans le dossier où vous sauvegardez vos photos. Non, elle n'est pas vide. J'ai choisi cette image pour une raison précise. Trouvez le code d'erreur qui doit figurer en dessous. Si vous répondez à cet e-mail avec le bon code, nous ferons la paix. Sinon, vous savez ce que j'envisage de faire. À vous de voir. Faites le bon choix.

Cela ne sent pas bon. Vous avez déjà eu affaire à des personnes douteuses – qui sait ce que cet individu pourrait faire si vous le provoquiez. Vous pouvez au moins gagner du temps en faisant la paix tandis que vous essaierez de comprendre qui vous avez contrarié.

Voici l'image qu'il a envoyée dans le dossier :

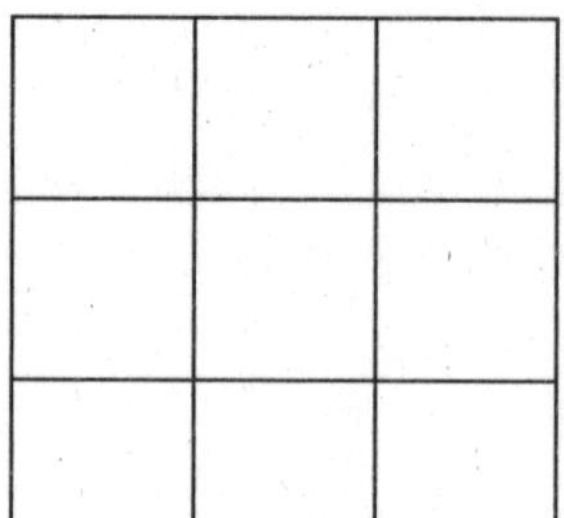

???

Il vous a dit qu'elle n'était « pas vide », donc ces carrés vides doivent avoir une signification. **Pouvez-vous trouver le code à trois chiffres et le lui renvoyer avant qu'il ne prenne des mesures draconiennes ?**

62. Encore des morceaux manquants

Vous avez encore commandé du matériel pour votre système informatique – quelques petites améliorations pour vous récompenser d'avoir bien travaillé. Mais il manque une lettre sur deux sur la facture qu'on vous a envoyée en amont de la livraison.

Pouvez-vous retrouver les noms des éléments de matériel informatique qui, espérons-le, sont en route vers chez vous ?

E_C_I_T_S

_A_R_T_E _É_O_R_

_C_N_E_

_O_S_I_K

I_P_I_A_T_

_E_C_M

_I_R_P_O_E

63. Vers vos propres appareils

Vous essayez d'effectuer une sauvegarde en ligne de chacune de vos machines, mais elles ont toutes leur espace de stockage dédié dans le cloud. En effet, vous ne voulez pas stocker toutes vos informations au même endroit, car ce serait un désastre si quelqu'un parvenait à y accéder.

Dans la grille ci-dessous, chaque paire de chiffres identiques doit être reliée. L'un des chiffres de chaque paire représente une machine physique, et l'autre son espace dans le cloud. **Tracez une série de chemins distincts, reliant chacun un appareil à son espace de stockage.**

Il ne peut y avoir plus d'un chemin passant par une case, et les chemins ne peuvent être tracés qu'horizontalement ou verticalement. Ils ne doivent pas non plus se croiser : cela risquerait d'envoyer les mauvais fichiers dans le mauvais espace de stockage.

									1
	2								2
	3	4							
		5							1
					6				4
				7					
3			8				8	6	
5			9		7				9

64. Les plus clairs

Vous essayez depuis quelque temps de vous associer à un mystérieux groupe en ligne et, lorsqu'il vous contacte enfin, c'est pour vous soumettre une énigme afin de vous mettre à l'épreuve. Selon ses instructions, trois chiffres sont cachés dans l'image ci-dessous, en plus des évidents 0 et 1. Cela ressemble à un code binaire :

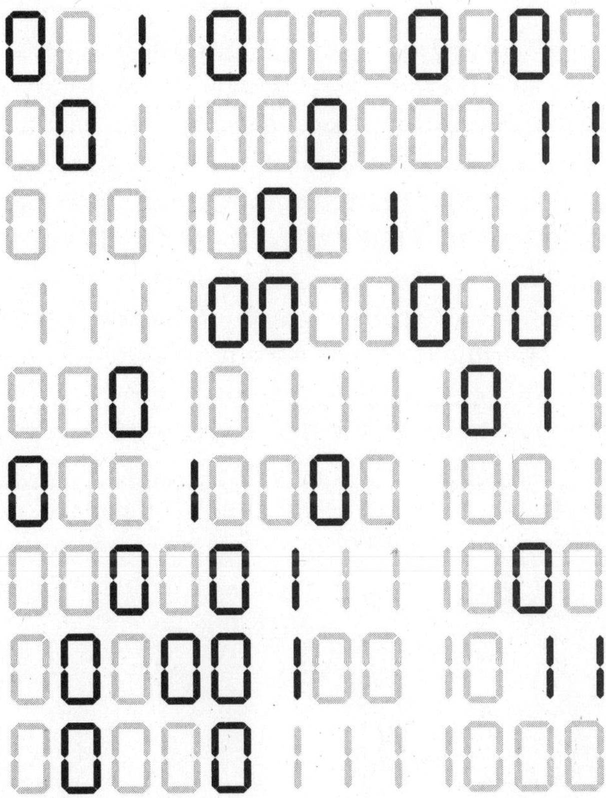

Le reste du message ne comporte qu'une seule ligne :

Nous n'utilisons que les plus clairs

Dans l'ordre croissant, quels sont les trois chiffres qu'on vous a envoyés ? Inutile de décoder des valeurs binaires.

65. C'est qui-vous-savez

Vous avez votre propre réseau de hackeurs de confiance, mais vous avez l'impression qu'un autre réseau essaie de vous recruter. Or il semblerait que cet autre groupe n'est pas très recommandable. Il s'agit au moins de savoir de quelle façon ils sont liés les uns aux autres avant de leur répondre.

Chaque chiffre encerclé ci-dessous représente un des hackeurs du réseau, et indique combien d'autres hackeurs vous pensez qu'il connaît directement. Reliez les hackeurs par des lignes horizontales ou verticales pour visualiser leurs liens. Deux lignes au maximum peuvent relier deux hackeurs, et aucune ligne ne peut se croiser. Les lignes doubles signifient qu'ils s'entendent comme larrons en foire. Chaque hackeur doit être connecté à autant de lignes que l'indique son chiffre. Le schéma final doit relier tous les hackeurs, de telle sorte qu'on puisse atteindre n'importe quelle paire en suivant une ou plusieurs lignes.
Pouvez-vous tracer toutes les connexions ?

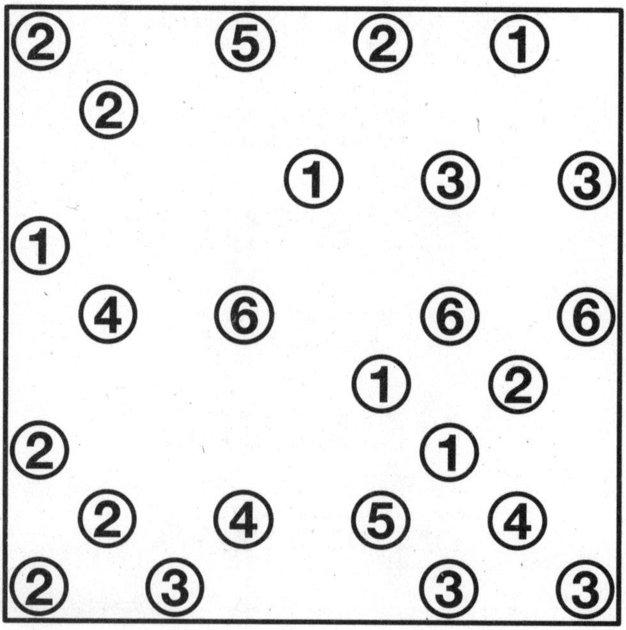

66. Amis étrangers

Cela fait quelques mois que vous travaillez en ligne avec quelques hackeurs de confiance. Vous aimeriez bien dire que ce sont des amis, mais la dure vérité est que vous ne savez quasiment rien sur eux. C'est peut-être prudent que chacun reste discret envers les autres, mais comme vous êtes d'un naturel curieux, vous décidez d'enquêter un peu.

Vous notez l'adresse IP de certains de vos « amis » pour voir dans quel pays ils se trouvent – ou en tout cas, dans quel pays ils prétendent être lorsqu'ils sont en ligne. Mais les noms des huit pays apparaissent d'une drôle de façon.
Pouvez-vous reconstituer les noms des pays dont les lettres sont mélangées ?

AYNKE

ALEURITAS

BEQUIZAMMO

VOGREEN

ZELAVENUE

ONESITE

MEINLOGO

WIZBEMBA

67. Cryptoconcours

Vous jouez en ligne avec un ami hackeur auquel vous savez pouvoir faire confiance et qui a investi dans une nouvelle cryptomonnaie intéressante. Il n'est jamais possible de savoir lesquelles vont décoller et lesquelles vont échouer (même si, soyons honnêtes, la plupart échouent), mais après que vous avez fait part de votre intérêt pour le sujet à votre ami, il vous lance un pari assez ludique. Voici ce qu'il vous propose :

J'ai un jeton (ou une pièce, si tu préfères) de cette nouvelle cryptomonnaie pour toi, que tu pourras gagner dans un jeu de hasard. Voici comment :

Dans le monde réel, j'ai quatre fausses pièces et quatre vraies pièces – toutes de la même taille et du même poids, et visuellement identiques.

Elles sont disposées en deux piles sur la table – une pile pour les fausses et l'autre pour les vraies – et je dispose de deux sacs dans lesquels tu vas pouvoir les répartir. Tu peux choisir dans quel sac vont les pièces. Quand toutes les pièces seront dans l'un des sacs, on tirera à pile ou face pour choisir un des deux sacs, dans lequel je piocherai une pièce, et si par hasard je pioche une vraie pièce, je te donnerai mon jeton de cryptomonnaie.

Le jeu est équitable. Je ne pourrai pas différencier – ni au toucher ni à la vue – les pièces une fois qu'elles seront dans les sacs.

À première vue, vous avez 50 % de chances de gagner le jeton de cryptomonnaie, mais après y avoir réfléchi un moment, vous vous apercevez que vos chances sont bien meilleures. **Quelle stratégie vous donne les meilleures chances de voir sortir une vraie pièce ? Avec une stratégie optimale, quelles sont vos réelles chances de gagner ?**

68. Des uns et des zéros

Vous effectuez des recherches dans une base de données en binaire, mais une erreur dans votre code vous empêche d'utiliser un important logiciel utilitaire.

Vous recherchez une séquence particulière cachée dans un énorme fichier, mais vous avez réussi à réduire la zone de recherche pour obtenir la grille ci-dessous. **Pouvez-vous trouver la chaîne de caractères « 1010101010 » dans cette grille ?** Elle peut être présente dans n'importe quel sens, y compris à l'envers et/ou en diagonale.

1	1	0	1	0	0	0	0	0	1	1	0	1	0	1
1	0	0	0	0	1	1	0	1	1	0	0	0	0	1
0	1	1	0	1	0	1	0	0	0	1	0	1	0	0
0	0	0	0	1	0	0	0	0	1	1	0	0	0	1
0	1	1	0	0	0	1	0	0	1	0	0	0	0	1
1	0	0	1	0	1	1	0	0	0	1	0	0	0	0
1	0	0	1	0	0	0	1	0	1	0	1	0	0	0
0	0	1	0	0	1	0	1	0	0	1	0	1	1	0
0	0	1	0	1	1	0	0	0	0	1	0	1	0	0
0	0	0	0	1	0	0	0	1	0	0	0	0	1	0
1	0	1	0	0	1	0	1	1	0	0	1	0	1	0
0	1	1	0	0	1	0	0	0	1	0	1	0	0	1
0	1	0	1	1	0	1	1	0	1	0	0	1	0	1
0	0	1	0	0	1	0	0	0	0	1	1	0	0	0
1	0	1	0	0	1	0	0	1	0	0	1	0	1	1

69. Chercher vite

Vous êtes sur le point d'accéder à un réseau de surveillance crypté lorsque vous vous rendez compte que vous avez besoin d'un code à quatre chiffres pour y parvenir. Votre logiciel vous propose les suggestions suivantes, et vous n'avez que trente secondes pour décider laquelle utiliser, avec une seule tentative possible.

Vous savez que le système doit être protégé par quelque chose d'unique, vous cherchez donc le seul numéro dont chacun des chiffres appartient à un seul autre numéro de la série.

Pourrez-vous le trouver rapidement et l'utiliser pour accéder au système ?

1873
7329
4960
5134
1479
9740
8265
7134
1349

70. Système pyramidal

Vous surveillez en silence un groupe mystérieux qui gagne beaucoup d'argent très rapidement. Vous êtes à peu près certain que c'est illégal – ce n'est pas votre problème – mais vous voulez savoir comment ils font. Lorsque vous accédez enfin à certains de leurs documents financiers, vous voyez un étrange graphique pyramidal se répéter dans la base de données tout entière ; dans certains cas, les cases sont remplies, dans d'autres, elles sont vides.

Chaque membre du groupe semble s'être vu attribuer une de ces pyramides, et il semble que le nombre figurant dans chaque case est la somme des deux cases qui se trouvent en dessous. Vous êtes inquiet de voir votre nom apparaître dans cette base de données, avec la pyramide suivante, largement vide :

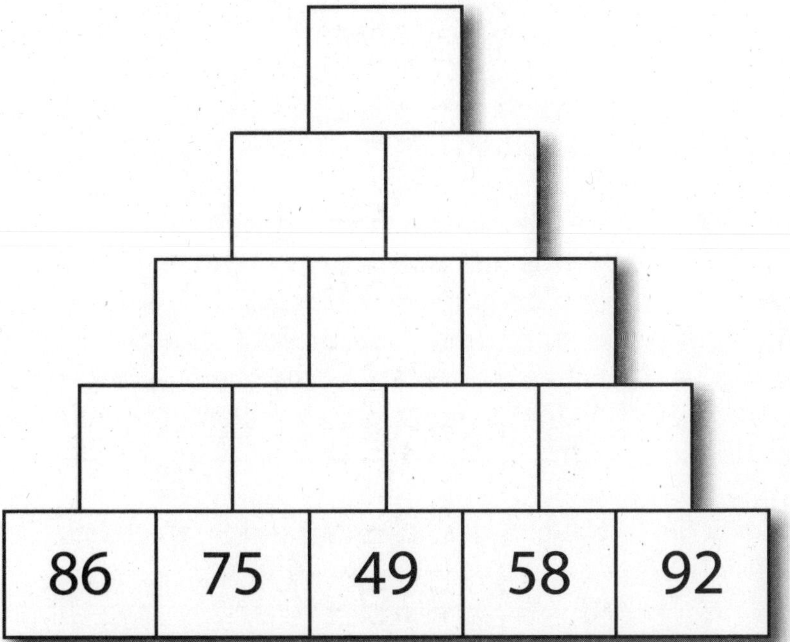

Vous n'avez pas été aussi discret que vous l'espériez.
Si vous remplissez votre pyramide de la même manière que les autres, quel nombre obtenez-vous au sommet ?

71. Ils ont un message

Ces derniers temps, vous avez accepté un certain nombre de missions en plus pour pouvoir payer vos factures. La plupart du temps, ce sont des missions de détective, impliquant de surveiller des gens en ligne via leurs profils sur les réseaux.

Parfois, vos commanditaires cherchent des preuves compromettantes, parfois ce sont des numéros de cartes de crédit, mais souvent il ne s'agit que de fouiner un peu. Il vaut mieux ne pas poser trop de questions.

Après une semaine bien remplie, vous devez vous assurer d'envoyer les bonnes données aux bons clients. Donner à quelqu'un l'accès aux fichiers de quelqu'un d'autre pourrait se solder par un désastre.

Vous avez numéroté vos dossiers de 1 à 10 pour ne pas utiliser de noms en clair, et il est maintenant temps de donner à vos clients ce qu'ils veulent. Pour ce faire, vous devez tracer les chemins virtuels entre vous et vos clients.

Dessinez plusieurs chemins séparés, chacun reliant une paire de numéros identiques dans la grille : chaque paire se compose d'un numéro correspondant à vous et d'un autre correspondant à votre client. Il ne peut y avoir plus d'un chemin par case et les chemins ne peuvent être tracés qu'horizontalement ou verticalement d'une case à l'autre.

Il va sans dire qu'aucun des chemins ne doit en croiser un autre, sinon vous aurez tous des ennuis.

Pouvez-vous réussir à envoyer à chacun les fichiers qu'il désire, sans croiser aucun autre chemin ?

1	2		1	3					4
							5		6
									7
						8		7	6
				4			5	3	
							2		
	8	9					9	10	
	10								

72. Réseau de hackeurs

Vous avez mis en place un petit réseau de hackeurs en qui vous avez confiance – au moins jusqu'à un certain point. En tant que chef de facto du groupe, vous dessinez une carte pour garder à l'esprit qui se connaît au sein du réseau. Cette carte vous permettra de garder un œil sur les autres et de limiter rapidement les dégâts si l'un d'entre eux se mettait à faire n'importe quoi.

Sur cette ébauche de carte, chaque numéro représente un hackeur. Certains d'entre eux ne connaissent que quelques-uns des autres membres, tandis que d'autres sont beaucoup plus connectés.

Vous devez déterminer quel membre est lié à quel(s) autre(s) dans ce réseau, en traçant des lignes pour les relier. De plus, vous devez noter les personnes qui se connaissent particulièrement bien. Tracez donc deux lignes pour relier les paires de hackeurs qui se connaissent particulièrement bien.

Ne reliez les hackeurs que par des lignes horizontales ou verticales. Chaque paire ne peut être reliée qu'avec deux lignes au maximum, et aucune ligne ne doit en croiser une autre. Chaque hackeur doit avoir autant de lignes reliées à lui que son chiffre l'indique. La carte doit relier tous les pirates, de sorte que vous puissiez passer de l'un à l'autre en suivant une ou plusieurs lignes.

Pouvez-vous terminer la carte ?

	3			4		6				4
2			2				1		2	
					1					2
	4		6			3			4	
6		2			3		4			2
	2		4							
4				5			7		4	
	2		2		2			2		3
									2	
			1		4		4			
	3			5		5		4		2
2					2				3	
	4			2				2		
						3			2	
		3			4			1		
	2			1		4				3
3		5			3			1		

73. Plaques minéralogiques

Vous avez fait défiler les images d'une caméra de reconnaissance de plaques minéralogiques pour essayer de retrouver le véhicule d'une de vos cibles. Vous avez réduit le champ des possibilités à ces sept numéros de plaque, qui sont toutes frauduleuses :

Vous avez un ami dans la police – ça peut toujours être pratique – et vous lui demandez de vous aider à trouver la plaque qui est la bonne. Il vous renvoie une liste très similaire, avec une note en dessous :

Aucun de tes numéros n'est bon, et les miens non plus. Seuls les éléments que j'ai changés sont corrects.

Vous comprenez qu'il doit faire attention, mais vous auriez espéré un peu plus d'aide.

Pouvez-vous comprendre ce que votre ami veut dire, avec sa liste presque identique ? **Quel est le numéro de la plaque d'immatriculation que vous devez rechercher ?**

74. Appeler un ami

Un client vous a demandé de retrouver un vieil ami et vous êtes plus qu'heureux de lui rendre service.

Vous trouvez facilement le profil en ligne de la cible, mais la personne pour laquelle vous travaillez souhaite également obtenir son numéro de téléphone. Il vous suffit de trouver neuf chiffres.

Plusieurs possibilités s'offrent à vous, mais votre client vous a donné quelques indices basés sur ce dont il se souvient.

Il vous a envoyé cette énigmatique grille de chiffres pour vous aider. Il a déjà inscrit quelques chiffres, mais c'est à vous de trouver les autres.

Placez un chiffre de 1 à 9 dans chacune des cases vides de la grille, de manière à ce qu'aucun chiffre ne se répète dans une même ligne, une même colonne ou un groupe de 3 × 3 cases. Le numéro de téléphone sera alors révélé dans la diagonale grisée, de haut en bas.

Quel est le numéro de téléphone que vous recherchez ?

	4						6	
6		1				4		3
	3		2		4		7	
		5		4		2		
			6		1			
		7		8		5		
	2		4		6		9	
4		6				8		7
	7						4	

75. Code hack

Juste avant de tout fermer pour la nuit, un e-mail arrive dans l'une de vos boîtes les plus sécurisées, provenant d'un expéditeur que vous ne reconnaissez pas.

Bonjour. Nous vous avons remarqué en ligne et nous sommes sûrs que vous nous avez remarqués aussi. Nous aimons votre travail et nous aimerions que vous vous joigniez à nous pour quelques prochains projets.

Nous vous suivons en ligne depuis un certain temps et vous êtes clairement compétent, même si certains de vos systèmes de sécurité semblent un peu fragiles et mériteraient d'être améliorés. Si vous ne nous croyez pas, allez voir vos cinq derniers e-mails envoyés. Vous remarquez quelque chose ?

Vous trouverez en pièce jointe un petit test. Si vous le réussissez, nous vous en dirons plus et nous vous donnerons accès à une partie de notre base de données dont vous n'avez manifestement pas connaissance. Faites-nous confiance, cela en vaudra la peine.

Si vous souhaitez vous joindre à nous, répondez en indiquant le sigle à trois lettres qui correspond. Si nous n'entendons pas parler de vous, ce n'est pas grave – ce sera soit que vous n'êtes pas assez courageux, soit que vous n'êtes pas assez intelligent...

À bientôt, peut-être.

Vous vérifiez vos derniers messages envoyés à partir de ce serveur – que vous pensiez totalement sécurisé – et découvrez que ces mystérieux inconnus ont ajouté un petit smiley à votre signature. Comment diable ont-ils réussi cela ?

Mais vous vous en préoccuperez plus tard. Pour l'instant, vous voulez essayer de trouver le code qu'on vous demande. Voici l'image incluse en bas de l'e-mail de l'inconnu :

???

Et voici la pièce jointe :

FRJ

QRA

FZA

QMA

Vous n'êtes pas bien certain de vouloir vous associer à ces personnages douteux, mais vous voulez au moins avoir le choix de dire oui ou non.

Quel est le sigle attendu ?

76. Dans les maisons

Les systèmes de sécurité domestique sont généralement assez faciles à pirater, ce qui vous permet de garder un œil sur les maisons de personnes fortunées qui pensent naïvement qu'elles sont les seules à y entrer. Il y a quelques visages célèbres que vous espionnez parfois juste pour le plaisir, mais un jour vous remarquez qu'un hackeur essaie de s'introduire sur votre propre système de sécurité. Quel culot !

En consultant les données, vous constatez qu'il a espionné huit autres maisons, situées dans huit villes différentes, en plus de la vôtre. En fait, il les a même toutes espionnées aujourd'hui. À partir de ces éléments désordonnés, pouvez-vous déterminer l'ordre dans lequel il a « visité » ces huit maisons, de la première (1) à la plus récente (8) ?

Une fois que vous avez trouvé, écrivez de quelles maisons il s'agit ci-dessous :

1. ______________________

2. ______________________

3. ______________________

4. ______________________

5. ______________________

6. ______________________

7. ______________________

8. ______________________

Voici les données dont vous disposez.

- La maison de Boston n'est pas l'avant-dernière qu'il a espionnée.
- La maison de Toronto a été espionnée immédiatement après celle de Malibu.
- La maison de Seattle a été espionnée immédiatement après celle de Boston.
- La maison de Cancun est la quatrième qu'il a espionnée.
- Il a espionné la maison de Miami plus tard que celle de Houston, mais pas immédiatement après.
- Il a espionné la maison de Cancun avant celle de Seattle, mais pas immédiatement avant.
- Il a espionné la maison de Malibu immédiatement après celle de Chicago.
- Il a espionné la maison de Toronto avant celle de Miami, mais pas immédiatement avant.

77. À l'envers

Votre ami hackeur – celui avec lequel vous avez détourné de l'argent (voir l'énigme 33, « Message mélangé ») – doit vous envoyer de nouvelles coordonnées bancaires. Vous avez cessé d'utiliser votre ancien compte – il avait raison, quelqu'un était bien au courant – et vous en utilisez donc un nouveau dont le numéro est celui qu'il va vous envoyer.

Par ailleurs, vous avez mis en place ensemble une autre couche d'authentification, pour être certains que seuls vous deux puissiez accéder au compte. En fait, ce que votre ami va vous envoyer, c'est un code PIN à cinq chiffres qu'il a choisi, ce qui signifie que vous pourrez tous les deux avoir accès au compte quand vous le souhaiterez.

Votre ami est un peu paranoïaque – il a sans doute raison – et vous a une fois de plus envoyé une image étrange, au lieu des simples chiffres dont vous avez besoin :

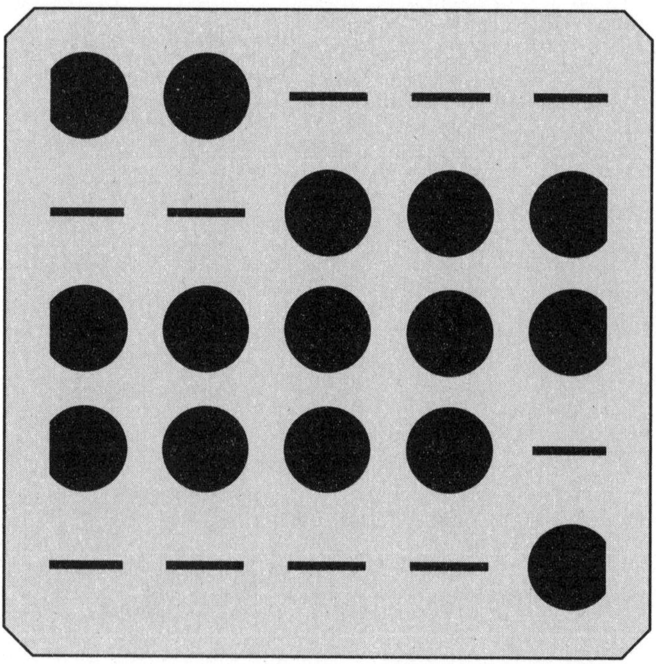

On dirait qu'il utilise à nouveau le code morse, comme la dernière fois. Vous avez gardé la liste des chiffres qu'il vous avait envoyée, et vous la consultez de nouveau.

Lorsque vous entrez le code d'accès, vous recevez un message d'erreur vous indiquant qu'un seul des chiffres est correct. Vous avez pourtant suivi les instructions de la dernière fois.

Vous réessayez, mais le code que vous avez saisi n'est toujours pas le bon, et un message vous indique cette fois qu'il ne vous reste qu'une seule tentative avant que votre compte ne soit bloqué. Hors de question que cela se produise.

Vous lui envoyez donc un message :

> Que se passe-t-il ? J'ai essayé le code 27549 mais il ne fonctionne pas, et j'ai utilisé ton guide de la dernière fois.

Vous attendez quelques minutes, et votre ami vous répond enfin :

> EGASSEM EC UL SA UT EMMOC SERFFIHC SEL TNASIL NE, EIASSEÉR

Votre ami n'a pas de souci à se faire, son système est impénétrable : vous n'y comprenez rien vous-même. Néanmoins, vous vous rendez finalement compte que vous avez encore regardé les chiffres sous le mauvais angle.

Pouvez-vous déchiffrer cet indice cryptique et trouver le code PIN à cinq chiffres ? Quel est le seul chiffre correct de vos deux premières tentatives ?

78. Forme d'adresse

Vous surveillez quelqu'un en ligne, et vous voulez savoir dans quel endroit du monde il se trouve. Mais il est fuyant, et n'utilise jamais la même adresse IP. Il vous semble qu'il serait facile de déterminer son emplacement, mais il vous échappe sans cesse. C'est énervant.

Vous avez pris note des adresses IP qu'il a utilisées ces derniers mois, et vous vous demandez si on peut y déceler un motif, car on dirait bien qu'il usurpe ces IP. Il doit avoir un système en place pour créer des adresses.

Voici la liste de celles de la semaine :

216.36.6.1

81.27.9.3

128.64.32.16

125.25.5.1

16.8.4.2

Vous les passez à la moulinette d'un système de reconnaissance de motifs afin de voir ce qu'il peut vous dire. Il vous fait une liste de suggestions d'adresses IP qui seront peut-être utilisées ensuite, sans vous indiquer quel est le motif sous-jacent.

Voici cette liste :

A. 121.11.2.1

B. 2.4.6.8

C. 111.222.333.444

D. 123.124.125.126

E. 144.121.100.81

F. 1.1.1.1

G. 216.125.64.27

H. 17.11.7.5

En comparant ces adresses avec la première liste, une adresse vous saute aux yeux : elle correspond à la méthode employée pour obtenir les autres. **De laquelle s'agit-il ?**

79. Mauvais plan

Vous avez pénétré le système de vidéosurveillance d'un immeuble qui pourrait bien être d'une importance cruciale pour le gouvernement. Selon les informations fournies par les caméras, vous avez dessiné deux plans d'étages approximatifs concernant deux services différents – qui sont peut-être d'une grande importance pour l'un de vos clients dont vous préférez taire le nom.

Vos données ne sont pas complètes mais, selon ce que vous voyez, les deux étages sont de formes différentes et contiennent chacun plusieurs pièces. Ils contiennent aussi chacun une pièce qui est parfaitement carrée – mais le reste des plans n'est pas à l'échelle.

Voici votre plan du service A, et les mesures que vous avez pu prendre :

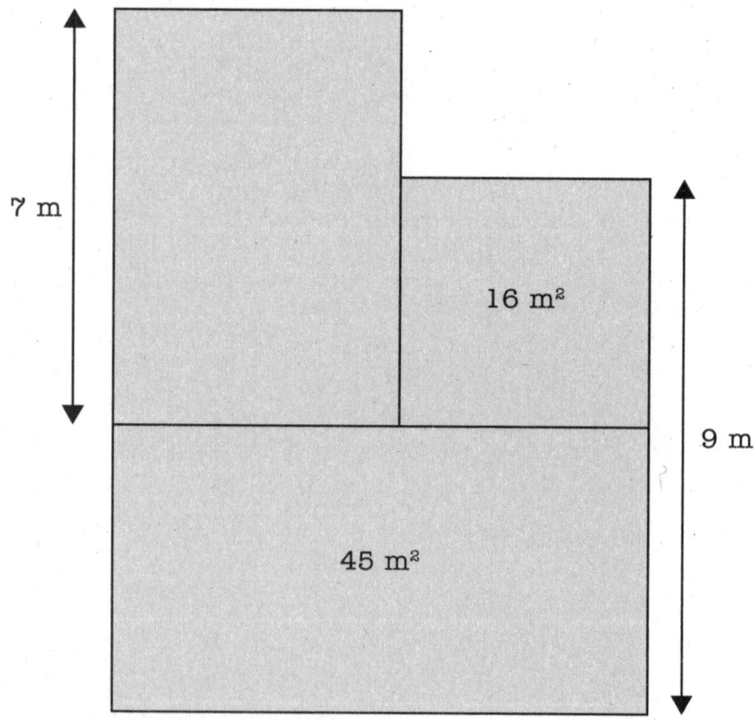

Et voici celui du service B, qui a une pièce de plus que le service A :

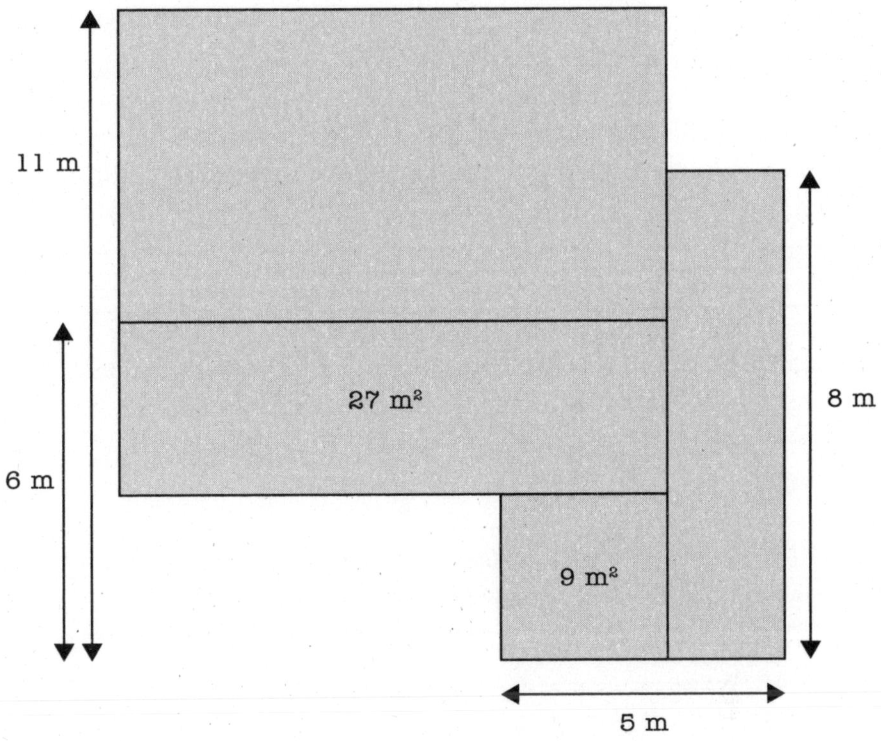

Si vous voulez que vos informations soient utiles, elles doivent être précises et complètes.
Lequel des deux plans indique la plus grande surface ?
Toutes les pièces sont des rectangles ou carrés, et toutes les mesures sont des nombres entiers.

80. Encore un

Vous essayez de retrouver un hackeur qui, selon vous, empiète sur vos activités et travaille peut-être même dans la même zone géographique que vous. Vous avez suivi en ligne ses déplacements jusqu'à un hôtel du quartier et, après avoir regardé les images de vidéosurveillance, vous pensez tenir votre homme.

Vous voulez lui passer un message sans vous dévoiler. Mais il y a un problème : les images de vidéosurveillance sont tellement floues qu'il est impossible de voir le numéro exact de la chambre dans laquelle il se trouve, et il est hors de question d'appeler l'hôtel pour lui demander.

Vous prenez une capture d'écran de la porte de la chambre et vous essayez de générer une image plus claire manuellement, en vous basant sur les informations fournies par les pixels de l'image.

En utilisant les règles suivantes et la grille ci-contre, pouvez-vous traiter l'image et trouver le numéro de la porte de la chambre d'hôtel occupée par votre rival ?

1. Grisez certains carrés de la grille en fonction des indices chiffrés.
2. Ces indices fournissent, de gauche à droite ou de haut en bas, la longueur de chaque série de carrés grisés consécutifs dans chaque ligne et chaque colonne.
3. Il doit y avoir un espace d'au moins une case vide entre chaque série de cases grisées de la même ligne ou de la même colonne.

	4 4	2 3 2	1 7 1	9 1	11	13	2 4 1 1	1 1 1 1 1	7 1 1	13	11	9 1	1 7 1	2 3 2	4 4
3, 3															
2, 5, 2															
1, 3, 3, 1															
1, 3, 4, 1															
5, 5															
5, 5															
6, 6															
13															
5, 5															
6, 4															
4, 4															
1, 3, 5, 1															
1, 2, 2, 1															
2, 5, 2															
4, 4															

81. Faux jeton

Vous avez investi dans une cryptomonnaie il y a quelques années et vous avez reçu deux jetons physiques pour matérialiser cet investissement. Ils sont à l'abri dans un coffre, mais vous venez de recevoir une information selon laquelle l'un d'eux est un faux. Vous les sortez du coffre pour les examiner.

La personne qui vous a donné ce tuyau est fiable – ces jetons ne sont pas identiques.

Sans prendre en compte leur rotation, pouvez-vous trouver les huit différences entre ces deux jetons ?

82. Démineur

Aïe ! Alors que vous venez d'allumer votre ordinateur, un message s'affiche à la place de votre écran d'accueil :

```
Bienvenue, malheureuse victime ! J'ai pris
le contrôle de votre système un instant,
pour vous envoyer un message :

ARRÊTEZ DE ME SURVEILLER. LAISSEZ-MOI TRANQUILLE.

J'ai pensé vous envoyer un petit avertissement
sous la forme d'un jeu. Vous vous souvenez
du Démineur ? En voilà un, juste pour vous.
C'est un jeu d'enfant !

Des mines sont cachées dans certaines cases
de la grille, et votre tâche est de les trouver
toutes. Mais je vous ai donné quelques indices
pour vous permettre de les trouver, car j'ai bon
cœur. Le chiffre présent dans une case révèle
le nombre de mines dans les cases adjacentes,
y compris en diagonale. Vous ne pouvez pas placer
plus d'une mine par case, et il n'y a pas
de mines dans les cases numérotées.

Indiquez donc où vous pensez que se trouvent
les mines et, lorsque vous aurez terminé,
je vous dirai si vous aviez raison.
Si vous vous trompez, ce n'est pas grave,
j'effacerai toutes les données présentes sur
votre système. Qu'est-ce qu'on s'amuse !

Vous feriez mieux de vous y mettre.
```

Vous n'aimez pas du tout cette situation. Vous êtes coincé entre le marteau et l'enclume : vous pouvez trouver toutes les mines en jouant le jeu, mais qui vous dit que cette personne joue franc jeu et n'effacera pas vos données de toute façon ?

Vous constatez qu'il y a une horloge dans le coin de l'écran – ce n'est pas un compte à rebours, mais vous ne savez pas pourquoi vous êtes chronométré. Pour le meilleur ou pour le pire, vous décidez d'essayer de trouver toutes les mines et de faire face aux conséquences lorsqu'elles se présenteront.

Pouvez-vous découvrir toutes les mines avant que cet inconnu ne sème le chaos dans votre système informatique ?

1		2	1	1		
	3					1
1			4		3	
1				3		3
				3		
	5		4			4
	4		3			2

83. Coup de barre

Vous avez commandé du matériel neuf pour votre système informatique après que certains de vos écrans ont cessé de fonctionner. Vous aimez travailler avec quatre écrans devant vous, mais vous vouliez aussi en avoir d'avance en cas de panne, et six colis arrivent chez vous.

Vous êtes peut-être d'un naturel méfiant, mais quelque chose cloche dans cette livraison. Quelqu'un a-t-il interverti l'une des boîtes ?

Avant de chercher à comprendre pourquoi quelqu'un vous enverrait un écran douteux, vous décidez de vérifier les produits par vous-même. Tout semble normal, sauf en ce qui concerne le code-barres situé à la base de chaque boîte. Les produits étant identiques, les codes-barres devraient l'être aussi. Mais quelque chose ne va pas.

L'un de ces codes-barres n'est pas comme les autres. Lequel ?

A

9 734582122280-08

B

9 734582122280-08

C

9 734582122280-08

D

9 734582122280-08

E

9 734582122280-08

F

9 734582122280-08

84. À la trace

Il n'est pas toujours possible de résoudre soi-même tous les problèmes informatiques, il faut parfois faire appel à des professionnels. Vous suivez à distance un appareil qui aurait dû vous être renvoyé directement après que vous l'avez envoyé en réparation. Mais, d'après ce que vous pouvez voir, il a fait le tour du quartier. Littéralement. Chacun des points ci-dessous est un signal émis par le traceur que vous aviez installé, à chaque arrêt sur le trajet qui sépare votre maison de l'atelier de réparation, et sur le retour.

Pouvez-vous relier tous les points et former une boucle unique, retraçant le parcours de votre appareil ? La boucle ne doit ni se croiser ni se toucher, en aucun point. Seules les lignes horizontales et verticales entre points sont autorisées, et une partie du trajet a déjà été tracée.

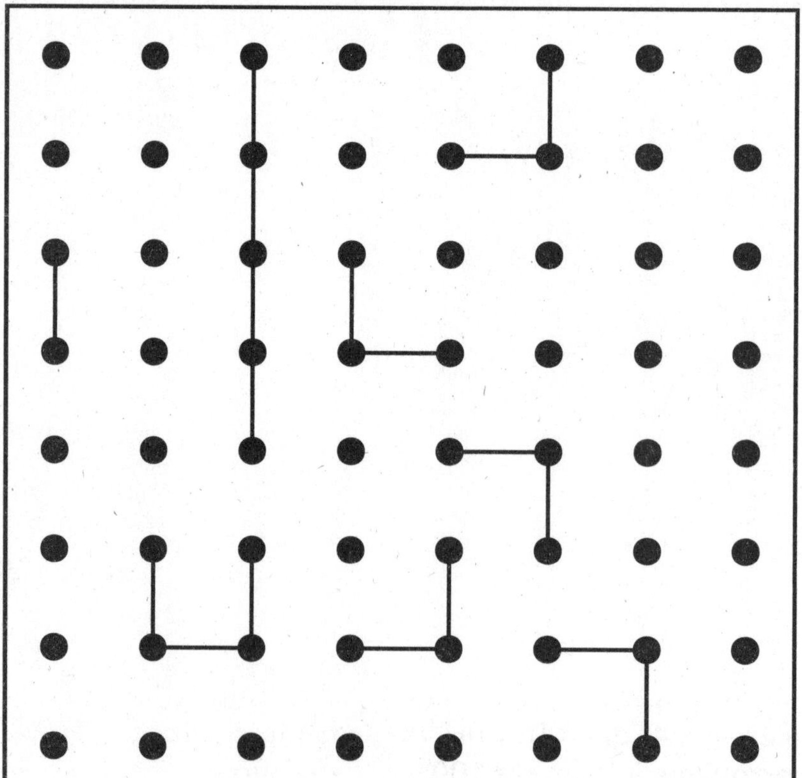

85. Arrêtez de me soûler

C'est ennuyeux. Un virus présent sur votre machine cause des problèmes avec certains fichiers, créant des anomalies dans les métadonnées définissant l'état de chaque document.

Dans un dossier bien particulier, chacun de vos fichiers peut être verrouillé et déverrouillé individuellement (par vous et vous seul). Or, d'une manière ou d'une autre, ce virus est manifestement capable de verrouiller et de déverrouiller les fichiers à sa guise. Vous pouvez le constater en fixant l'écran, perplexe, devant vos fichiers qui se verrouillent et se déverrouillent, apparemment au hasard.

Au hasard, vraiment ? Vous observez le dossier depuis un certain temps déjà, et les 100 fichiers qu'il contient sont généralement verrouillés, pour des raisons de sécurité. Ils sont nommés très simplement, de « 1 » à « 100 », pour que leur contenu reste invisible.

Dans un premier temps, le virus a parcouru chaque fichier dans l'ordre, en les déverrouillant un par un, en commençant par le premier (« 1 »). Ensuite, il a fait basculer l'état de verrouillage d'un fichier sur deux – en commençant par le fichier « 2 », puis « 4 », « 6 », et ainsi de suite, ce qui signifie qu'ils ont été à nouveau verrouillés. Puis, au tour suivant, il a fait basculer l'état d'un fichier sur trois : « 3 », « 6 », et ainsi de suite – autrement dit, il a verrouillé le troisième fichier mais déverrouillé le sixième, alors qu'il venait d'être verrouillé à l'itération précédente.

Vous comprenez que, si le virus continue ainsi, peut-être qu'après son 100e tour de verrouillage-déverrouillage, il n'aura plus de fichier à partir duquel commencer et qu'il s'arrêtera.
Si, entretemps, il a continué à fonctionner de la même manière du 4e au 100e tour, quels fichiers seront déverrouillés à la fin du 100e tour du bug ?

86. Il faut que ça compte

Vous essayez d'accéder à un réseau qui officie sur le dark web, géré par une organisation cultivant le secret. Vous êtes donc confronté à toute une série de questions conçues pour déterminer si vous êtes un robot ou, pire, si vous êtes de la police. Quel est l'intérêt d'être un génie de l'informatique si vous vous retrouvez toujours bloqué dans ce genre d'embouteillage virtuel ?

Certains défis sont plus faciles que d'autres, surtout lorsqu'il s'agit d'identifier quelques images faciles ou un visage célèbre. Il y a aussi les habituels codes d'accès à trouver, mais avec un petit coup d'intelligence artificielle, vous pourriez probablement trouver un moyen de passer ces étapes.

Cependant, un après-midi, en surfant sur le web, vous tombez sur deux images qui semblent assez banales :

A

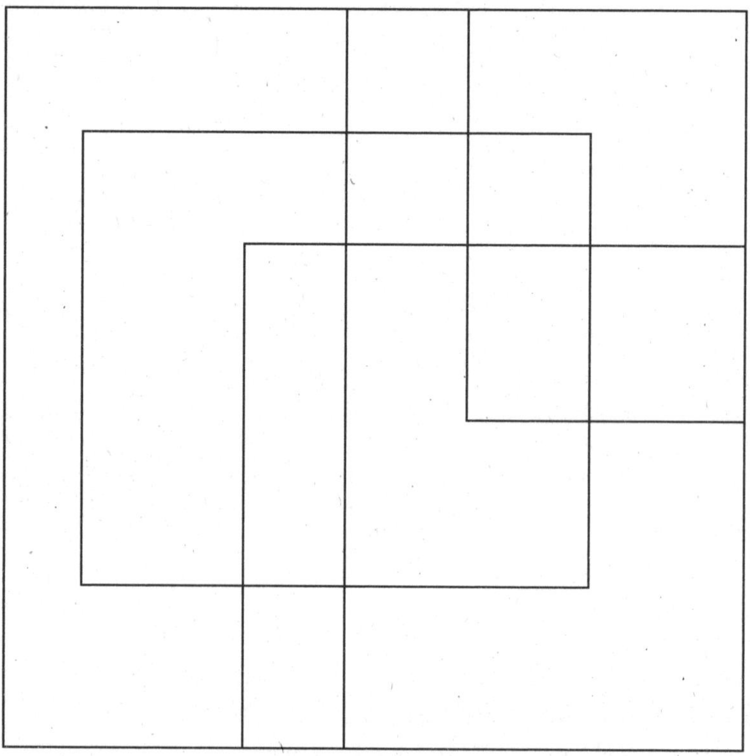

B

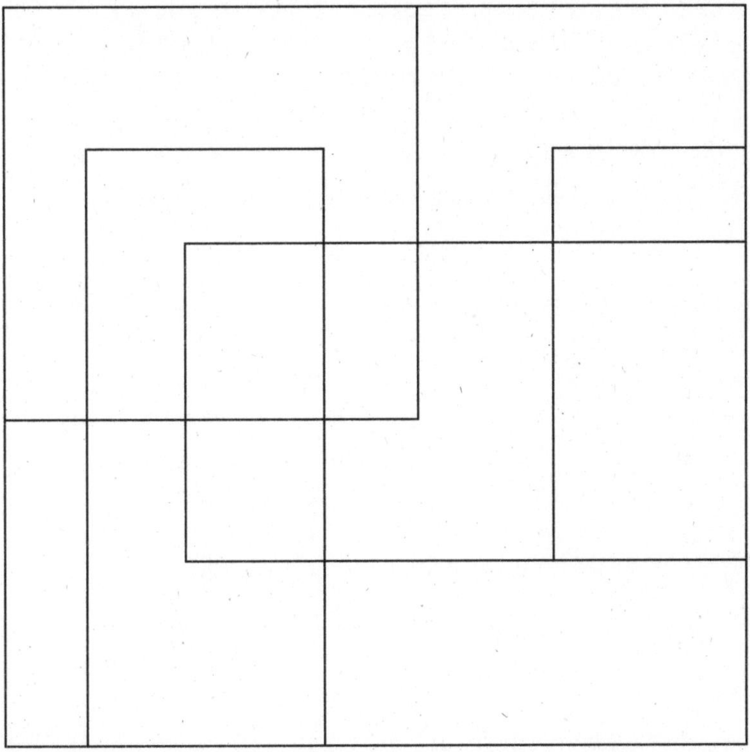

Un message se trouve en dessous, avec une question apparemment simple :

COMPTEZ LE NOMBRE DE RECTANGLES DANS CHAQUE IMAGE – UN CARRÉ COMPTE COMME UN RECTANGLE. QUELLE IMAGE EN COMPTE LE PLUS AU TOTAL ? RÉPONDEZ A OU B POUR CONTINUER, PUIS FOURNISSEZ LE TOTAL POUR CHAQUE IMAGE AFIN QUE JE PUISSE VÉRIFIER QU'IL NE S'AGIT PAS D'UN COUP DE CHANCE.

Cette question semble assez simple, mais, lorsque vous comptez les quadrilatères, vous vous apercevez qu'il y en a plus qu'il n'y paraît à première vue. **En les comptant tous, depuis le grand carré qui entoure chaque image, quelles réponses devez-vous donner à cette question ?**

87. Sans une trace

Votre appartement a été cambriolé il y a quelque temps, et vous venez de vous rendre compte que les voleurs ont dû emporter une clé USB dont vous avez soudain besoin. Vous y aviez intégré un dispositif de traçage, mais ils ont dû le trouver car il a manifestement été désactivé. Il semble que vous n'avez pas affaire à des amateurs.

Une semaine plus tard, un e-mail arrive dans votre boîte de réception :

> Désolé pour l'effraction, mais croyez-moi, j'avais vraiment besoin de cette clé USB.
>
> Je ne suis pas celui que vous croyez, je ne suis pas un méchant. Je vous promets que je ne vous ai rien volé d'autre, mais j'avais juste besoin d'une copie de ce qu'il y avait sur cette clé. Ne me demandez pas comment je savais ce qu'elle contenait.
>
> Dans un geste de bonne volonté, je vous rends la clé. Tous les fichiers sont encore dessus, et rien d'autre (je le jure). J'ai simplement fait une copie des fichiers pour mon usage personnel.
>
> La clé se trouve dans un coffre-fort, dans un magasin à deux rues de chez vous. Vous trouverez le plan pour s'y rendre en pièce jointe. Le code à quatre chiffres dont vous aurez besoin pour ouvrir ce coffre est dans votre boîte aux lettres.

Vous rafraîchissez votre boîte aux lettres électronique, mais il n'y a rien. Vous vérifiez vos autres comptes de courrier électronique, mais là non plus, rien.

Enfin, vous allez voir votre boîte aux lettres physique – celle qui est à côté de votre porte d'entrée – et constatez qu'elle contient en effet deux messages de l'expéditeur mystérieux. Il est revenu chez vous !

Le papier est translucide, comme du papier calque. Les deux feuilles contiennent des barres, mais il n'est pas évident de savoir dans quel sens les regarder ni même de quel côté est le recto ou le verso.

Voici la première :

Et voici l'autre :

Pourquoi vous a-t-il envoyé ceci ? Pouvez-vous trouver le code à 4 chiffres dont vous avez besoin pour le coffre-fort ?

88. Signal douteux

Il y a des jours où l'on a l'impression que tout le monde vous veut du mal, et aujourd'hui ne fait pas exception à la règle. Vous ouvrez une page de votre navigateur et constatez que tout est bloqué. Peu importe ce que vous cherchez, ce que vous obtenez est la grille suivante :

2	6	8	6	0	4	0	6	4	0	0	4	2	0	4	8
0	4	2	0	4	0	0	1	3	8	2	4	0	6	2	0
0	0	6	0	2	0	7	9	5	3	0	0	2	8	0	8
0	6	8	0	6	3	5	4	8	1	7	2	0	0	2	4
2	0	0	2	0	1	2	8	0	4	3	0	6	8	6	0
4	0	2	0	4	1	6	1	3	0	9	4	0	2	0	6
6	4	6	0	5	7	0	9	5	6	1	7	6	0	0	4
2	8	0	8	9	0	6	3	9	0	4	9	4	0	4	0
0	2	6	3	1	2	0	1	3	8	0	1	9	6	0	0
0	0	0	1	6	4	0	5	7	0	4	6	5	0	2	4
4	0	5	9	0	4	6	0	4	8	2	0	3	1	0	0
8	8	7	8	0	8	0	3	7	4	8	2	8	1	0	2
6	1	1	2	6	2	8	9	5	0	0	0	6	3	7	6
0	9	6	8	0	4	0	0	0	2	0	4	8	8	1	4
2	7	3	1	9	1	7	5	5	3	1	9	3	1	5	0
0	6	0	0	4	0	6	0	4	0	0	4	2	0	0	2

Pas très utile, surtout quand on a des choses à faire. Qu'est-ce qui se cache derrière cela ?

Vous vous rendez compte qu'en passant votre souris sur certains carrés numérotés, ils deviennent grisés – jusqu'à ce que vous éloigniez la souris. Vous ne voulez pas cliquer sur l'un de ces chiffres, au cas où vous seriez redirigé vers un site web douteux, mais vous êtes intrigué.

Un message apparaît soudain sous la grille :

```
Bonjour. Vous vous demandez ce qui se passe ?
Je comprends.

Comme vous pouvez le constater, il m'est
très facile de vous atteindre - virtuellement,
bien sûr. Vous avez un peu trop fouiné
à mon goût, alors je me suis dit que
je devais passer me faire connaître.
Considérez ceci comme un message amical :
restez à l'écart de mes serveurs
et je resterai à l'écart de vous.

J'espère que vous appréciez ce jeu chiffré.
Je vous ai fait un joli dessin pour
vous rappeler mon état d'esprit. Vous pouvez
y jeter un œil : en cas d'impair, il vaut
mieux se griser.

Compris ?

Ciao, pour l'instant…
```

Le message reste sur votre écran, tout comme les chiffres.

En bougeant votre souris, vous constatez que certains chiffres se grisent lorsque le pointeur les survole, alors que d'autres non.

Vous voulez voir cette image qu'il dit vous avoir envoyée, et vous vous rendez compte qu'il y a un indice dans le troisième paragraphe de son message.

Arriverez-vous à dévoiler l'image cachée dans la grille de chiffres ?

89. Point de livraison

Vous enquêtez sur les activités douteuses d'une grande entreprise et, après avoir fouillé dans ses bases de données, vous avez trouvé tant de choses suspectes que vous êtes persuadé qu'il y a de la corruption dans l'air. Vous pensez notamment être en mesure de dénicher les informations permettant d'intercepter une cargaison très louche que l'entreprise prévoit de livrer au cours des prochains mois. Vous pouvez alerter les autorités ou garder le butin pour vous, mais, dans tous les cas, il y a encore un peu de travail de détective à mener.

Le nom du pays et de la ville où la livraison aura lieu, ainsi que le mois et le jour de la semaine, ont été partiellement décodés ci-dessous. Chaque mot est encore fragmenté.

Pouvez-vous associer les fragments pour rétablir les détails de la livraison ?

AGU	ASU	AY	EDI
CR	RE	MB	NCI
ON	PAR	PTE	SE
MER			

Notez les informations ci-dessous dès que vous les avez :

Pays : ________________

Ville : ________________

Mois : ________________

Jour : ________________

90. Rechercher-sauver

Un client vous a demandé d'accéder à des fichiers cryptés et de les décoder, puis de les passer au peigne fin pour y trouver certaines informations. Il s'agit d'une énorme quantité de données et vous devez ouvrir chaque fichier à la main en raison de la nature du contenu que vous recherchez.

Le délai d'exécution étant très court, vous n'avez que 24 heures pour effectuer cette tâche à partir du moment où vous commencez à parcourir les fichiers. Heureusement, vous êtes payé une fortune.

Vous commencez à chercher le contenu dont vous avez besoin, en prenant des notes au fur et à mesure. Il y a 8 448 dossiers à vérifier – effrayant ! – mais vous avez commencé à un rythme qui vous permet de les terminer pile dans les temps. Vous savez que vous pouvez maintenir ce rythme, donc vous vous détendez un peu et vous essayez de vous concentrer.

Au bout d'un moment, cependant, vous vous rendez compte que vous ne trouvez rien d'utile et que le temps semble passer beaucoup trop vite. Perplexe, vous réalisez alors que l'horloge que vous utilisez n'est pas du tout précise et que vous ne travaillez pas au rythme que vous pensiez. En fait, il vous a fallu trois fois plus de temps pour parcourir les 2 816 premiers dossiers.

Vous devez recalculer la quantité horaire de fichiers à vérifier pour terminer la tâche dans les temps.

Quelle était votre ancienne vitesse horaire, et combien de temps vous reste-t-il pour terminer le travail ?

91. Carré magique

Vous essayez d'entrer dans un salon de discussion crypté et il vous reste un dernier obstacle à franchir. Vous avez tourné autour du groupe pendant un certain temps et vous espérez que votre patience en aura valu la peine : les membres du forum ont le potentiel d'être des alliés très utiles à l'avenir. Dans ce monde, il est important d'avoir quelques amis en qui on peut avoir confiance. Le groupe a déjà pris contact avec vous – et vous avez réussi à trouver un code d'accès à quatre chiffres à lui donner – mais il semble qu'ils ne sont toujours pas satisfaits, car vous n'avez pas eu de réponse. C'est ennuyeux.

Vous consultez votre boîte de courrier électronique et, dans votre dossier de courriers indésirables, vous trouvez un message qui traîne depuis plusieurs jours. Il semble qu'il provient de l'un des membres du salon de discussion avec lequel vous espérez vous engager. Voici ce qu'il dit :

Vous y êtes presque. S'il n'y avait que moi, je vous laisserais entrer tout de suite, mais le reste du groupe a préparé une autre épreuve pour être sûr. On a eu tellement de problèmes par le passé que je ne peux pas les blâmer. Considérons cela comme un dernier rite de passage.
Une image est jointe à cet e-mail. Vous remarquerez qu'il y a des cases vides. Vous devez les remplir avec les chiffres de 1 à 9, en utilisant chaque chiffre exactement une fois. Lorsque tous les chiffres seront placés, lisez les chiffres des carrés grisés de haut en bas pour obtenir un code à quatre chiffres que vous utiliserez dans votre réponse à cet e-mail. Vous ne pouvez pas placer les chiffres au hasard. Veillez à ce que tous les nombres s'additionnent de façon égale.
Une fois que vous nous aurez envoyé le code, vous serez des nôtres - à condition que ce soit le bon, bien sûr. Nous vous souhaitons bonne chance !

Tout cela semble assez simple. Vous ouvrez la pièce jointe et, en effet, il s'agit d'une grille avec quelques cases vides :

11	24		20	
	12	25		16
17		13	21	
10	18		14	22
23		19		15

Mais comment savoir où placer les chiffres ? Vous revenez au message, et vous voyez que l'expéditeur a souligné une phrase sans doute cruciale.

Il semble que vous devez faire en sorte que chaque ligne, chaque colonne et chaque diagonale aient la même somme.

Dans ce cas, où doivent être placés les chiffres, et quel est le code à quatre chiffres ?

92. Derrière le masque

Il se passe quelque chose de très étrange. Vous faites partie d'un forum en ligne où hackeurs et passionnés d'informatique peuvent parler, échanger des idées et discuter de tout ce qui touche à la technologie, et ce de manière totalement anonyme.

Les membres qui s'inscrivent se voient attribuer un nom d'utilisateur, qui est une combinaison aléatoire de lettres majuscules et de chiffres. La communauté est généralement très respectueuse et calme, même si vous avez remarqué que les choses peuvent s'envenimer dans les salons de discussion les plus petits – qui fonctionnent comme des zones d'évasion – généralement en raison de désaccords sur des discussions plus importantes.

Il y a quelques semaines, vous avez dû contrarier quelqu'un, car vous venez de publier un message sur le forum et vous avez remarqué que votre nom d'utilisateur a été corrompu. Les noms des autres utilisateurs s'affichent normalement, mais le vôtre ressemble à un fouillis de symboles superposés. Vous essayez à nouveau de publier, et votre nom d'utilisateur apparaît cette fois différemment – mais toujours corrompu. Après votre quatrième tentative, quelqu'un vous envoie un message privé sur le chat de la communauté :

> Bonjour, « l'ami ». Tu as remarqué quelque chose d'inhabituel dans ton nom d'utilisateur aujourd'hui ? Permets-nous de nous présenter. Nous sommes une équipe de quatre professionnels travaillant du côté de la loi qui nous convient le mieux. Nous savons que tu connais notre travail, c'est pourquoi nous avons un message simple :
>
> **Arrête de parler de notre travail sur ce salon. Arrête d'essayer de nous démasquer. Tu as vu ce que nous pouvons faire à ce forum sécurisé. Imagine ce que**

nous pourrions faire à tes serveurs, dont nous avons constaté qu'ils étaient nettement moins bien protégés.

Plus sérieusement, laisse-nous tranquilles. Ce sera mieux pour tout le monde.

Ce n'est pas très sympathique. Bien sûr, vous n'avez pas l'intention d'arrêter vos investigations, mais vous pouvez au moins faire un peu plus d'efforts pour veiller à ce qu'ils ne découvrent rien. Vous devriez également vérifier les registres de connexion sur vos serveurs.

En examinant votre nom d'utilisateur, vous vous rendez compte que les quatre versions corrompues contiennent toujours vos cinq caractères aléatoires, ainsi que cinq autres. En fait, ils n'ont pas changé votre nom d'utilisateur, mais ont simplement fait en sorte qu'il soit superposé à d'autres caractères – il se pourrait même qu'ils le superposent simplement avec leurs propres noms d'utilisateur.

Quels sont les quatre noms d'utilisateurs qui se superposent au vôtre et qui sont probablement ceux des personnes qui vous menacent ?

93. Séquence d'événements

Vous venez d'acheter un logiciel qui, vous l'espérez, vous donnera de meilleures chances de détecter les intrusions dans votre réseau. Vous êtes devenu une cible au cours des derniers mois ; il ne se passe pas un jour sans que vous ne rencontriez une menace quelconque. Heureusement, vous semblez avoir évité les pires attaques. Vous êtes sur le point d'installer le logiciel lorsqu'un message apparaît :

ENTREZ LE CODE À QUATRE CHIFFRES FOURNI

Malheureusement, vous ne savez pas de quoi il est question. De quoi s'agit-il ? Un code à quatre chiffres ? Fourni où ? Le logiciel a été acheté dans un magasin bien réel et était dans une boîte contenant un manuel d'utilisation. Rien de plus classique. Vous parcourez le manuel et vous ne trouvez de code nulle part, même si le manuel mentionne qu'il y a des mesures de sécurité à prendre avant de pouvoir installer le logiciel.

Vous arrivez à la dernière page du manuel, et il ne contient que des informations commerciales sur la qualité supposée du logiciel. Mais il n'est pas si bon que ça si vous ne pouvez pas y accéder ! Au bas de la page, cependant, vous remarquez des numéros :

1. 14 25 36 X7 58 69 70 81

2. 124 115 10X 100 94 89 85 82

3. 14 28 42 56 7X 84 98 112

4. 15 2X 39 51 63 75 87 99

Hum... Vous avez besoin d'un code à quatre chiffres, et il y a quatre lignes de chiffres. Il y a aussi quatre chiffres apparemment manquants...

Quel est le code à quatre chiffres dont vous avez besoin pour continuer ?

94. Jeux d'esprit

Vous essayez de découvrir une liste de mots de passe utilisés par une de vos cibles. Vous savez qu'il s'agit d'un scientifique qui a déjà utilisé des noms d'éléments chimiques pour créer des mots de passe car, aussi ridicule que cela puisse paraître, il s'est envoyé la liste des éléments par e-mail pour ne pas l'oublier !

Cependant, lorsque vous ouvrez l'e-mail en question, le texte semble corrompu – tous les noms d'éléments sont mélangés.

Pouvez-vous trouver les dix éléments chimiques qu'il a utilisés, qui sont les plus susceptibles d'avoir été utilisés dans ses mots de passe ?

NONE

BANCORE

IMZORUNIC

EDGYHORNE

TOBLAC

KLECIN

MICUSIIL

GENUSMAIM

UTOPIASMS

HUBSMIT

95. Voir ici

Pour des raisons évidentes, vous aimez maintenir une sécurité assez stricte autour de votre maison. Il y a une caméra devant votre porte d'entrée, principalement pour que vous puissiez garder un œil sur tous ceux qui viennent y toquer. Vous n'avez jamais eu d'ennuis auparavant – après tout, personne ne sait vraiment où vous habitez – et vous êtes donc surpris, un jour, de constater que le flux a été coupé pendant plusieurs minutes. Curieux.

Lorsque vous rentrez chez vous pour examiner tout cela, vous êtes sûr que quelque chose ne va pas. En fait, il semble que quelqu'un a trafiqué votre système de sécurité.

L'image de gauche est celle du panneau de sécurité telle que vous l'avez quittée ce matin, et celle d'en dessous est celle que vous avez trouvée en rentrant chez vous. Quelque chose a changé, c'est certain.

Pouvez-vous repérer les cinq différences entre les deux panneaux ?

96. L'arrangement

Vous fouinez récemment sur un forum clandestin, gardant un œil sur quelques utilisateurs bien particuliers. Vous pensez qu'ils envoient des logiciels espions malveillants aux autres membres du forum, mais vous devez vous rapprocher des suspects avant d'en savoir plus.

Après avoir examiné l'un de leurs comptes, vous vous heurtez à un mur de sécurité : l'aspect répétitif de vos activités commence manifestement à vous faire passer pour un robot. Vous devez passer un test visuel avant de pouvoir poursuivre votre recherche.

Réorganisez mentalement les carrés ci-dessous de manière à ce qu'aucun des « 4 » partiels ne soit coupé.
Combien de « 4 » apparaissent au total ?

97. Ami ou ennemi

Vous avez pris contact avec deux gamers qui, selon vous, pourraient être des hackers éthiques. Après vous être présenté – et leur avoir proposé de travailler ensemble sur un piratage pour la bonne cause – vous obtenez la réponse suivante :

Ça marche ! On est heureux que tu nous fasses confiance, mais comment peux-tu être sûr que nous sommes du bon côté ? Voici un petit test pour t'aider à décider si tu veux faire équipe avec nous.

Tout ce qu'on gagne à deux, on le partage entre nous. Si tu te joins à nous et qu'on fait de l'argent, on le partagera en trois. Alors, supprime tout ce qui ne peut pas être divisé par trois ci-dessous. Que reste-t-il ?

1	7	2	7	2	12	6	3	3	9	3	5	1	2	7	2
5	8	8	1	3	9	11	5	7	1	9	3	8	11	5	4
11	1	2	6	9	13	11	1	4	14	7	12	6	1	1	2
14	8	9	3	4	14	4	8	2	11	1	4	9	15	14	8
4	3	6	2	14	7	2	4	5	1	8	14	8	6	12	1
3	3	8	1	12	6	9	1	13	6	3	9	1	1	9	6
9	1	4	5	3	14	3	1	8	12	13	9	5	14	2	9
3	4	14	8	6	12	9	8	1	3	12	6	7	11	13	3
12	7	1	5	4	4	5	1	4	7	2	14	5	4	7	6
9	13	4	5	9	8	1	2	1	1	2	6	1	8	14	3
15	3	14	13	3	12	14	4	7	11	3	12	8	5	9	12
14	6	3	7	1	9	3	8	1	12	9	14	4	3	6	2
4	1	12	9	1	4	12	6	3	6	8	1	6	3	1	5
5	7	8	3	6	14	1	8	2	11	14	9	12	5	8	7
1	7	1	13	9	3	7	7	1	4	3	6	13	1	2	7
5	1	8	2	5	6	12	3	6	12	9	4	2	11	8	2

98. Voiture de fuite

Vous avez rassemblé de nombreuses images de vidéosurveillance pour tenter de retrouver des biens volés qui ont été abandonnés quelque part dans la ville. Vous pensez que, quelque part dans ce butin, se trouve une précieuse clé USB qui vous a été dérobée après un cambriolage. Après quelques recherches, vous soupçonnez que la voiture utilisée pour transporter les marchandises s'est arrêtée sous un pont pendant un certain temps, peut-être pour les cacher.

Sur la carte aérienne ci-dessous, il n'y a qu'un seul itinéraire pour aller du haut vers le bas sans avoir à revenir sur ses pas, mais il faut passer sous et sur des ponts. En fait, le trajet passe à la fois au-dessus et en dessous d'un certain nombre de ponts. Vous pensez que la clé USB se trouve sous le troisième pont qui peut être pris dans les deux sens.

Où se trouve-t-elle ?

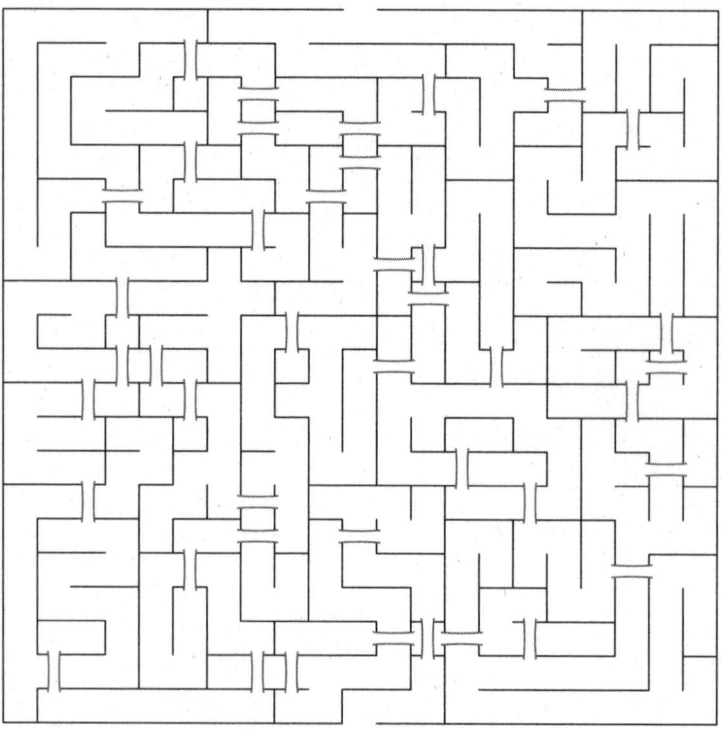

99. Tu me manques

Alors que vous examinez des dossiers classifiés pour le compte d'un client confidentiel, vous tombez sur un dossier dont tous les noms de fichiers sont composés uniquement de chiffres.

Votre client est convaincu qu'un fichier de ce dossier a été supprimé à son insu – mais il a du mal à déterminer lequel, étant donné que certains noms de fichiers se ressemblent beaucoup.

Vous jetez un coup d'œil à la liste des noms associés à chacun des documents. En y regardant de plus près, on s'aperçoit qu'il y a bien un motif dans ces numéros – et qu'il y a bien un fichier manquant. Voici les noms :

739864
231865
729564
231845
729864
731864
??????

Parmi les options proposées ci-dessous, laquelle est la seule qui pourrait correspondre au fichier manquant ?

A. 721864

B. 731865

C. 231844

D. 721865

100. Refaire l'histoire

Vous travaillez avec un hackeur qui a commencé à voler des informations à des personnes très connues il y a plusieurs dizaines d'années déjà. Son activité est tellement ancienne qu'il a stocké toutes ses preuves compromettantes sur des disquettes.

Votre « collègue » se trouve cependant dans une situation délicate. Quelqu'un s'est présenté à son appartement et a essayé de détruire toutes les preuves qui pouvaient se trouver sur ces disquettes. Plusieurs d'entre elles ont été cassées en deux, et pas de façon nette. On dirait que l'assaillant était pressé d'en finir.

Il y a une disquette en particulier que votre ami hackeur veut reconstituer. La moitié supérieure de cette disquette correspond exactement à l'une des moitiés inférieures présentées ici. **Laquelle ?**

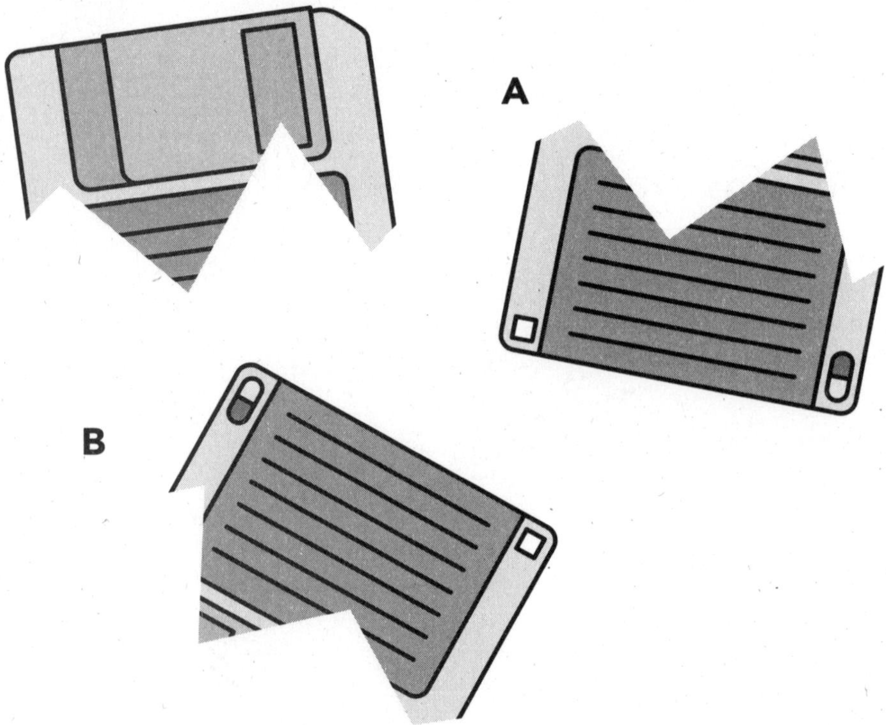

C

D

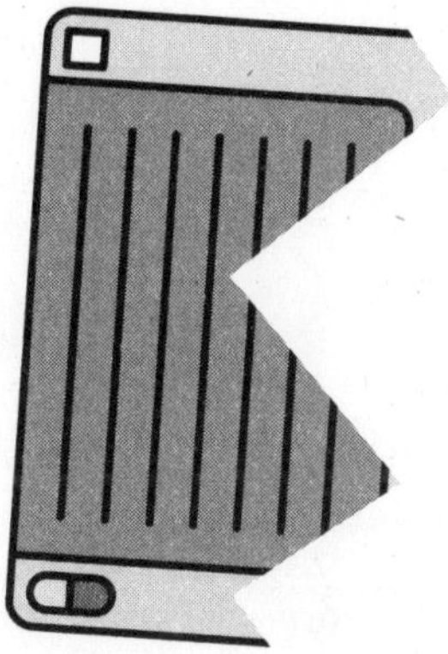

E

F

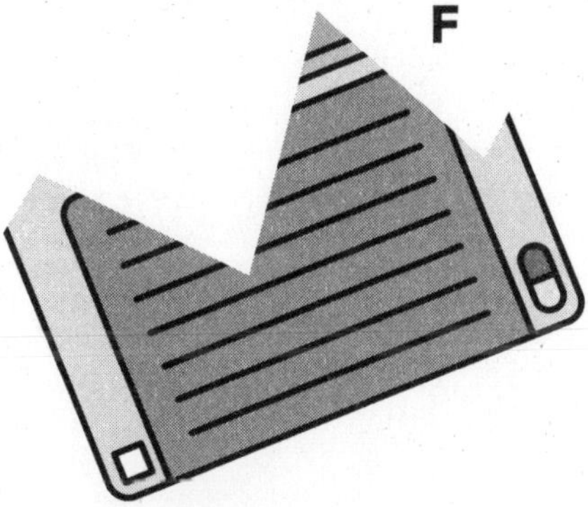

G

H

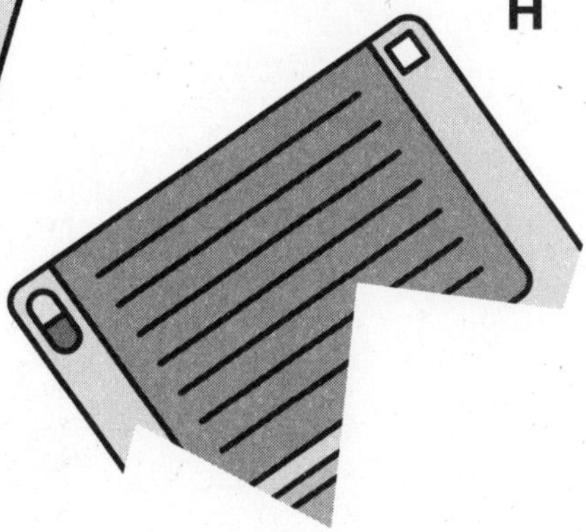

Solutions

Solutions
Solutions
Solutions

Solutions

1.

C'est bien votre code PIN, visible sur l'image ci-dessous :

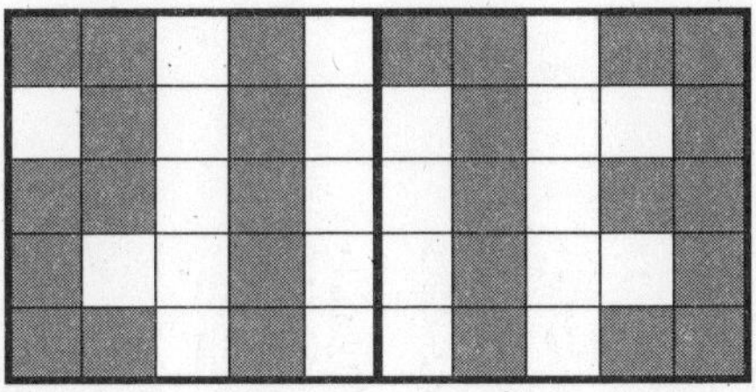

2.

PSYCHIQUE. Chaque lettre est surmontée d'un chiffre entre 1 et 9, les chiffres pairs et impairs étant divisés entre les deux messages. En lisant toutes les lettres dans l'ordre des chiffres, vous obtenez le mot de passe.

3.

1	0	0	1	0	0	1	1
1	0	0	1	0	1	1	0
0	1	1	0	1	0	0	1
1	0	0	1	0	1	1	0
0	1	1	0	1	1	0	0
0	0	1	0	1	0	1	1
1	1	0	1	0	1	0	0
0	1	1	0	1	0	0	1

Le mot de passe est donc **11010100**.

4.

Les flèches en bas de l'e-mail vous montrent qu'il faut faire tourner chaque caractère dans la direction et selon l'angle indiqués.

Solutions

Si vous obéissez aux flèches, vous obtenez ceci :

311372

Votre nom d'utilisateur est donc **311372**.

5.

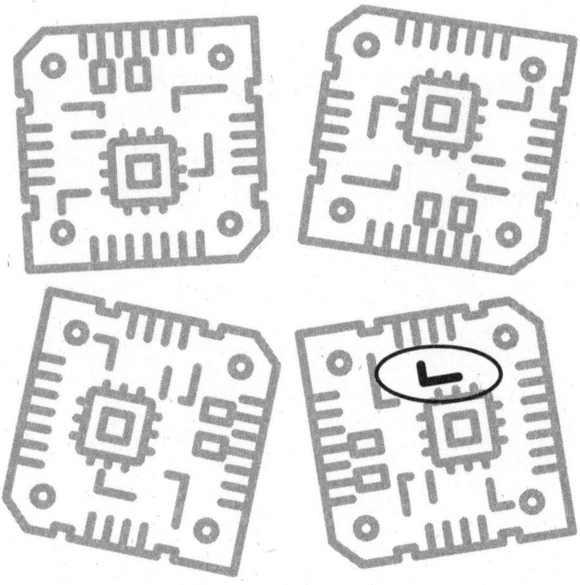

La puce problématique est la **D**.

6.

Si vous lisez les lignes en bon français, les deux dernières fournissent les instructions : « Je suis ton oméga. Ne prête attention qu'à moi. » Ainsi, ne prêtez attention qu'à la lettre grecque oméga : Ω. Lisez uniquement les lettres placées au-dessus des omégas et vous obtenez ce message, en ajoutant les espaces nécessaires : **« Ouvre la pièce jointe. »**

Solutions

7.

Les lettres sont étirées et bien plus hautes qu'elles ne le devraient. En les lisant attentivement, on obtient les instructions suivantes : « Prenez la huitième lettre à chaque ligne et vous saurez que je ne dois pas le décevoir. C'est urgent. » Ce qui donne, en ajoutant les espaces nécessaires et en lisant de haut en bas, cette phrase : **« À L'AIDE. »**

8.

Si les 0 indiquent l'état « éteint » et les 1 l'état « allumé », en effaçant les segments noirs marqués comme éteints, ceux qui restent indiquent qu'il est **21h37** :

9.

Son numéro est le **+39824135687** et son nom est **Gad**. Il a fait passer son numéro et son nom dans un simple code de correspondance lettres-chiffres selon lequel A=1, B=2, C=3, etc.

10.

Marco est l'ingénieur vivant à Montréal. Hector est comptable, et Jacques est policier – mais les informations fournies ne permettent pas de savoir dans quelles villes ils habitent.

11.

Le premier nombre de chaque mot de passe est inférieur de 111 à son équivalent dans le mot de passe précédent. Pour les autres nombres de chaque mot de passe, un nombre constant est soustrait du nombre initial à chaque fois. Pour le premier mot de passe, c'est 9 : on passe de 999 à 990, 981 et 972. Ensuite, pour chaque mot de passe suivant, le nombre à soustraire augmente de 9. Quand on arrive au sixième, qui doit commencer par 444, c'est 54 qu'on doit enlever. Le sixième mot de passe est donc : **444-390-336-282.**

12.

Deux des chiffres du code d'annulation sont donnés, 7 et 1. En regardant les images, on voit que la 7ᵉ image a le plus grand nombre de cubes. Si l'on compte le nombre de cubes dans chaque image, on observe également que l'image 1 a le sixième plus grand nombre de cubes et donne donc le 6ᵉ chiffre. En plaçant les images dans l'ordre décroissant du nombre de cubes, on obtient la séquence suivante, qui est le code d'annulation demandé : **726381594**.

13.

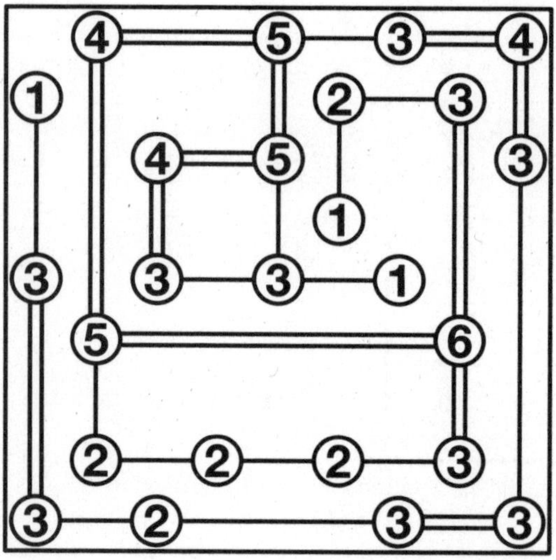

14.

Chaque nombre représente un horaire, au format 24 heures. Le nombre ajouté ou soustrait sur chaque ligne est le nombre d'heures modifiant le premier horaire pour obtenir le second horaire. On obtient donc :

Solutions

- 11:43 + 15 h = 02:43
- 18:05 + 4 h = 22:05
- 01:23 – 4 h = 21:23
- 08:08 – 8 h = 00:08
- 11:11 + 11 h = 22:11
- 14:22 – 3 h = 11:22
- 23:45 + 1 h = 00:45

Les chiffres à trouver sont donc **28225**.

15.

7	6	8	6	4	4	9	4	5	0	2	9	7	4	5
9	8	8	2	7	4	9	4	9	8	8	8	5	1	1
3	4	7	1	7	7	2	7	6	3	2	4	9	8	4
8	5	2	7	2	6	3	1	9	5	7	8	0	4	0
2	9	1	0	2	3	4	4	7	8	5	0	4	8	4
6	4	4	1	0	9	4	8	5	3	6	0	2	8	0
7	1	5	4	5	4	2	5	2	4	5	7	7	7	4
4	8	3	2	6	2	4	9	6	9	3	9	6	7	9
1	6	7	5	2	6	2	2	7	7	5	2	0	6	5
5	3	1	8	4	5	2	0	2	6	8	7	5	8	1
0	5	7	3	9	8	4	6	7	5	8	9	1	5	6
0	8	0	2	1	3	8	3	5	6	9	2	0	3	6
0	1	6	1	2	1	0	7	4	5	4	1	3	2	0
6	3	4	9	5	7	2	8	0	6	1	8	3	0	6
1	3	2	5	2	0	7	7	7	2	7	2	8	5	0

Le code est **5160834972**.

16.

Les vraies tailles des fichiers sont :

- 69 Mo
- 424 Mo
- 637 Mo

Solutions

- 423 Mo
- 495 Mo

Le total est donc de 2 048 Mo, ou **2 Go**.

17.

Chaque astérisque a un nombre de pointes différent, et ces nombres de pointes représentent, pris ensemble, un nombre. De gauche à droite, le code de déblocage est donc **5867**.

18.

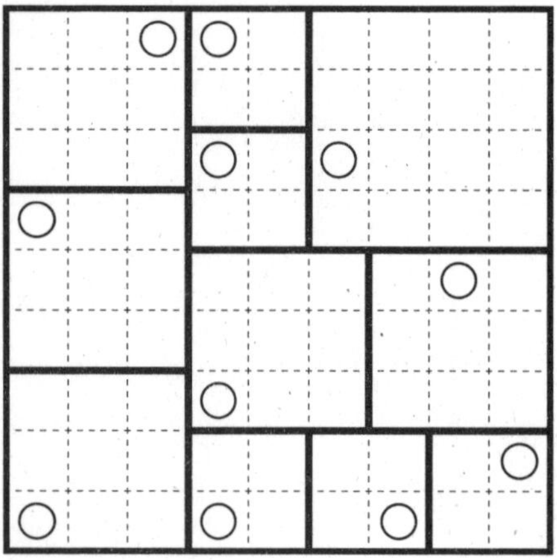

19.

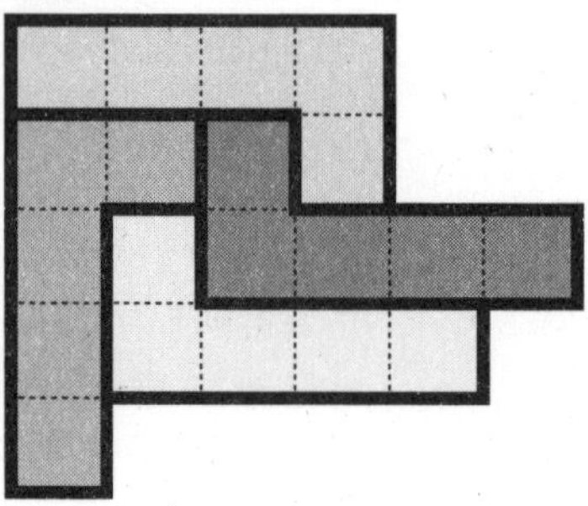

Solutions

20.

4	5	7	4	8	1	8	6	5	0
5	2	4	7	7	8	9	7	5	1
6	5	1	7	7	8	0	0	9	6
9	6	9	0	5	1	9	3	3	6
6	7	8	2	2	4	0	2	5	0
1	6	1	3	6	6	8	1	2	7
2	5	4	5	8	9	6	3	4	6
0	3	8	4	6	0	0	0	4	4
3	2	0	1	9	7	4	8	6	5
4	6	4	5	1	5	3	6	1	3

Le code est **3201974865**.

21.

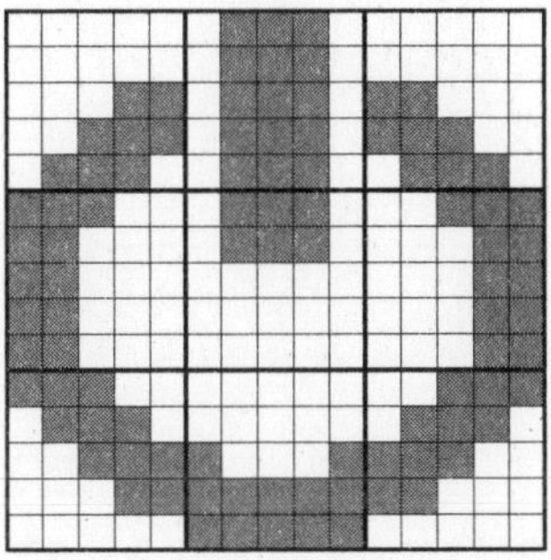

L'image représente un bouton **marche/arrêt**. Le hackeur suggère qu'il pourrait vous « éteindre ».

22.

Lisez une lettre du premier e-mail, puis une du deuxième, et ainsi de suite. Le message obtenu est donc : **TROUVEZ MON DOSSIER EN LIGNE SECRET.**

Solutions

23.

Les ombres derrière chaque chiffre révèlent le bon ordre :

5 6 3 2 8

Le code dont vous avez besoin est donc **56328**.

24.

Il ne s'agit pas d'un code-barres, mais d'une suite de chiffres étirés qui sont visibles en mettant le bas du papier au niveau de vos yeux et en suivant la longueur des grands chiffres.
On obtient la séquence suivante :
72946592852057620048638465827563975837593 1
En prenant un chiffre tous les cinq chiffres, on obtient le code : **65686559**.

25.

Superposez les deux images pour révéler le contour des quatre chiffres : **4, 9, 1 et 7**.

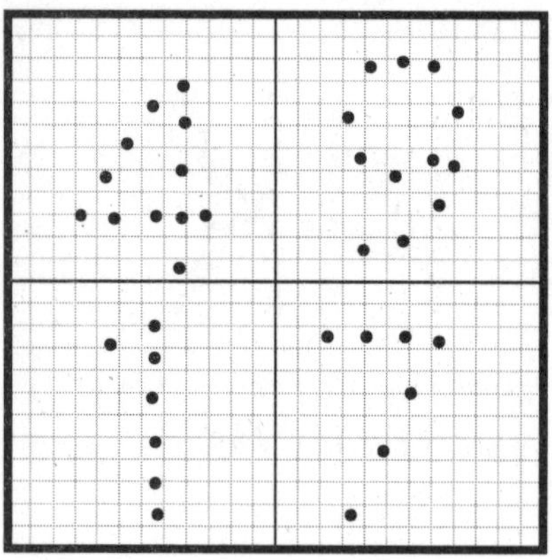

26.

Les trajets dans chaque bâtiment sont les suivants :

Solutions

A
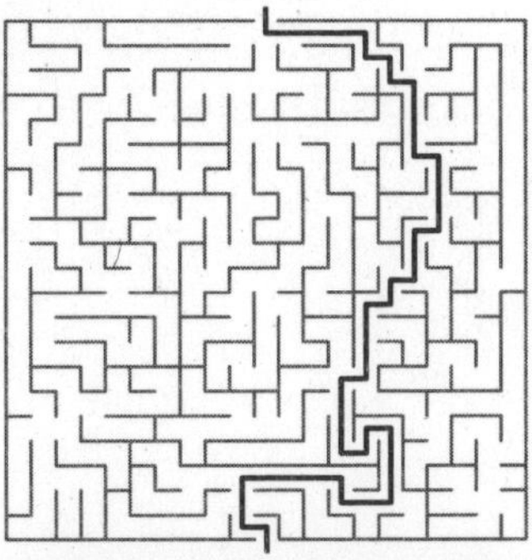
B

C

D

Le **bâtiment C** est donc celui que vous cherchez.

27.

Réarrangez les 12 segments pour révéler ceci :

Le nom d'utilisateur est par conséquent **9H35B74K.**

28.

Chaque chiffre des codes à quatre chiffres en dessous d'un symbole fléché représente l'apparence de ce symbole, comme suit :

Solutions

- 9 = flèche longue pointant vers le haut
- 3 = pas de flèche longue pointant vers le haut
- 4 = flèche longue pointant vers le bas
- 7 = pas de flèche longue pointant vers le bas
- 8 = flèche courte pointant vers le haut
- 2 = pas de flèche courte pointant vers le haut
- 6 = flèche courte pointant vers le bas
- 1 = pas de flèche courte pointant vers le bas

Par conséquent, l'image correspond au code suivant : **3786**.

29.

Vous avez **6 appareils**, et besoin de **12 mètres** de câble rouge.

30.

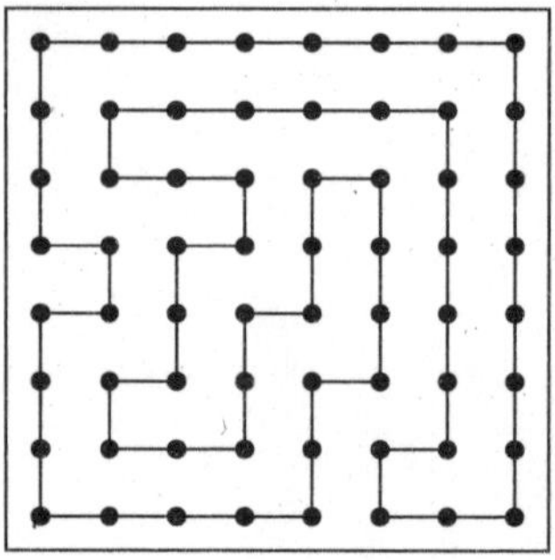

Solutions

31.

3	6	4	9	
		1		
6		7		
2	5	3	1	
8			3	
7	9	6	5	
	4		2	
	2			
	8	7	1	4

Le code qui n'entre pas est donc **5896**.

32.

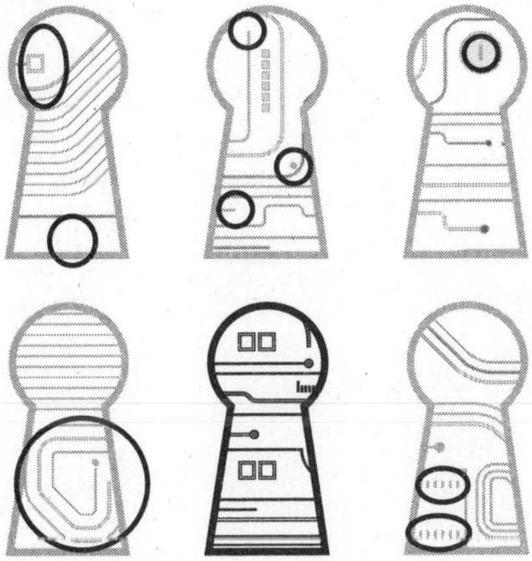

33.

Faites tourner l'image « binaire » de 90 degrés dans le sens des aiguilles d'une montre, jusqu'à ce que la ligne du haut corresponde au « 4 » dans le guide que vous a envoyé votre ami. Vous obtenez alors ceci :

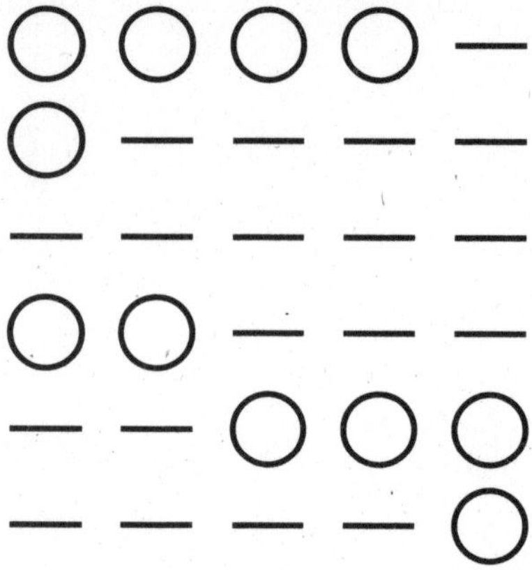

On obtient alors le code : **410279**.

34.

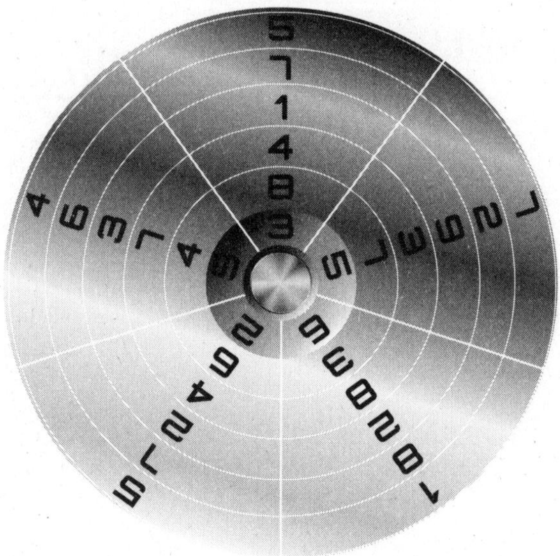

Le code d'accès est **384175**.

Solutions

35.

3	6	2	5	4	1
1	5	4	3	2	6
4	2	5	6	1	3
6	3	1	2	5	4
5	1	3	4	6	2
2	4	6	1	3	5

Les coordonnées sont donc **31°46'52" N** et **15°43'26" E**.

36.

Les codes **C** et **F** sont identiques.

Solutions

37.

- Le client F est celui qui vous propose le plus d'argent, pour 10 jours de travail.
- Le client R est celui qui vous propose le moins d'argent, pour 15 jours de travail.
- Le client Q vous propose 30 jours de travail.

38.

Imaginez que vous voyez les immeubles du ciel :

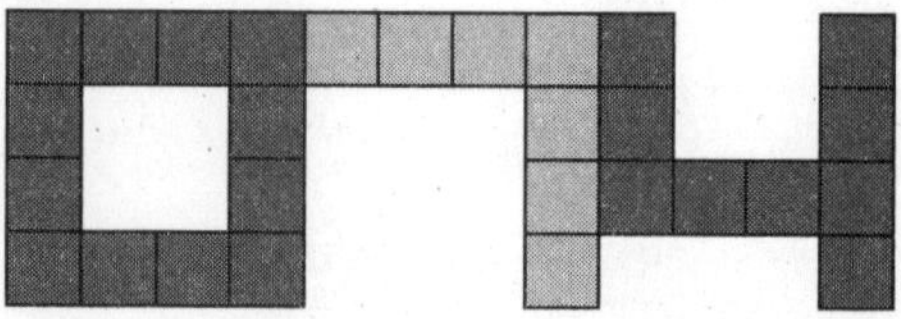

Vous lisez alors une suite de chiffres, celui du milieu se distinguant par sa couleur claire : **074**.

39.

Démarrez au x, et tracez un chemin en vous déplaçant d'une case à la fois en suivant les instructions fléchées. Vous obtenez ceci :

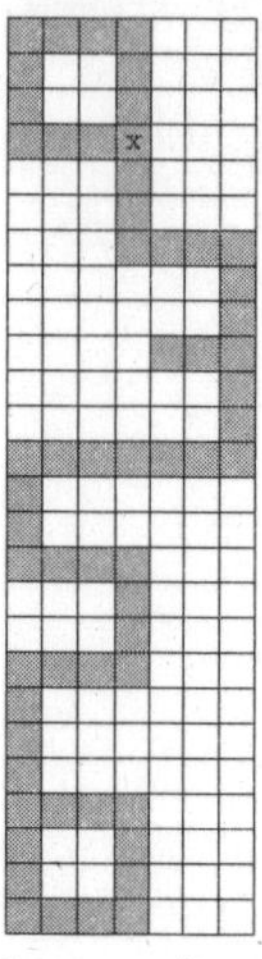

Le code est donc **9356**.

Solutions

40.

En ignorant les tirets, chaque nombre est une suite simple, créée en ajoutant le premier chiffre à lui-même et en répétant la manœuvre. Pour le premier nombre de la liste, 6 est le premier chiffre, et lui ajouter 6 donne les deux prochains chiffres : 12, puis les deux suivants, 18, et ainsi de suite. Des tirets sont ajoutés tous les quatre chiffres pour donner l'illusion d'un vrai numéro de carte bancaire. L'option la plus crédible des quatre est donc la seule qui satisfait à cette règle, à savoir l'option B : **2468-1012-1416-1820.**

41.

Si les 16 clés qui « débordent » et les 14 nouveaux emplacements potentiels représentent 60 % de la capacité d'origine, alors 100 % valent 50. **La boîte actuelle peut contenir 50 clés USB, et vous possédez 66 clés.**

42.

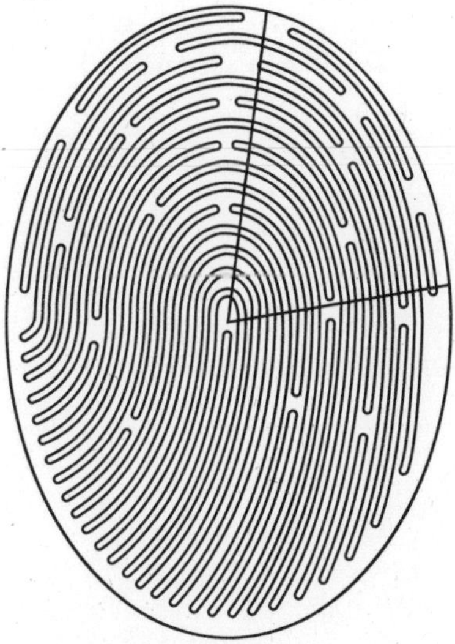

Seule l'image d'en haut à gauche correspond à l'empreinte digitale.

Solutions

43.

Sur un clavier normal, presser les touches dans l'ordre indiqué par les chiffres donne ce numéro : **639182754**.

44.

Chaque chiffre blanc est une fenêtre ouvrant sur un autre chiffre en noir :

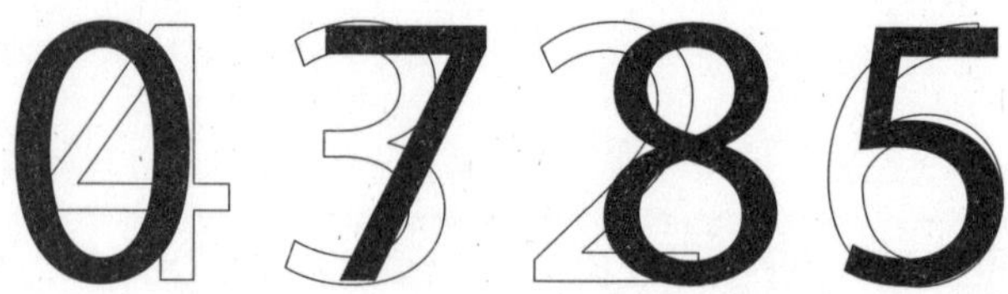

Le nombre à quatre chiffres est donc **0785**.

45.

Imaginez que vous lisez l'horloge sur un fond sombre, afin de faire disparaître les segments noirs et ne plus voir que les clairs. La nouvelle heure qui apparaît est **05:48:31**.

46.

Réordonnez les lettres pour révéler les villes suivantes :

- VIENNE
- MANCHESTER
- FLORENCE
- ACAPULCO

Solutions

- COPENHAGUE
- LE CAIRE
- BUDAPEST
- ALICANTE

47.

Il faut d'abord déterminer ce qui réunit les quatre codes-barres envoyés en premier. Le secret est de lire les barres verticales fines et larges de gauche à droite (en ignorant les très larges qui délimitent le code-barres). Le nombre de barres larges dans chaque groupe est une suite arithmétique :

- Code-barres en haut à gauche : 1 large, 1 fine, 2 larges, 1 fine, 3 larges, 1 fine, 4 larges, 1 fine, 5 larges, 1 fine, 6 larges, 1 fine, puis larges jusqu'à la fin.
- Code-barres en haut à droite : 2 larges, 1 fine, 4 larges, 1 fine, 6 larges, 1 fine, 8 larges, 1 fine, puis larges jusqu'à la fin.
- Code-barres en bas à gauche : 3 larges, 1 fine, 6 larges, 1 fine, 9 larges, 1 fine, puis larges jusqu'à la fin.
- Code-barres en bas à droite : 4 larges, 1 fine, 8 larges, 1 fine, 12 larges, 1 fine, puis larges jusqu'à la fin.

Des options qui vous sont proposées, seule celle d'en bas à gauche, la « 3 », propose un schéma similaire. C'est même celle qui suit logiquement les quatre premières, avec une barre fine suivant 5 barres larges, puis 1 fine après 10 larges. La réponse est le **code-barres 3**.

48.

Vous devez trouver quatre chiffres, donc commencez en haut de l'algorithme en passant en revue les neuf chiffres de 1 à 9 et en parcourant l'arbre en répondant aux conditions proposées. Par exemple :

Solutions

- 1 n'est pas pair, donc suivez le x à droite sous la question « Pair ? ». Ce n'est pas un nombre premier, donc suivez le x à droite sous la question « Premier ? ». En revanche, c'est un cube, donc allez à gauche sous la question « Cube ? ». Il atterrit donc dans la troisième case en partant de la gauche.
- 2 est pair, donc allez à gauche sous la question « Pair ? ». C'est un nombre premier, donc allez à gauche sous la question « Premier ? ». Il atterrit donc dans la première case.
- 3 n'est pas pair, donc suivez le x à droite sous la question « Pair ? ». C'est un nombre premier, donc allez à gauche sous la question « Premier ? ». Il atterrit dans la case « FIN », il n'y a donc pas de 3 dans le code.
- Continuez avec tous les autres chiffres.

Le code est donc **2419**.

49.

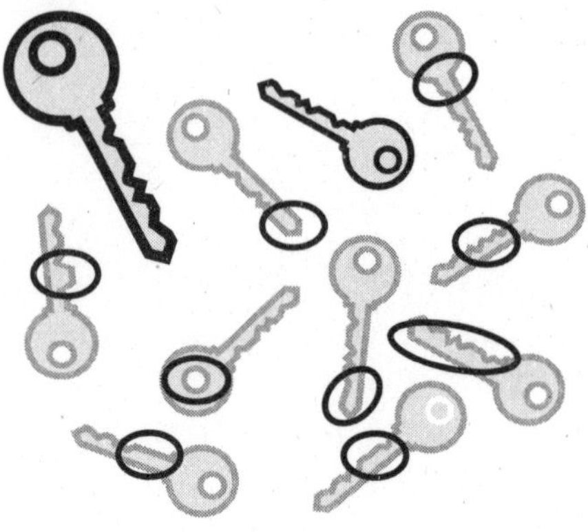

50.

L'ensemble des horaires est vu à l'envers verticalement. Quand on les redresse, ils sont dans l'ordre :

Solutions

01:08:26
12:53:19
17:39:00
22:05:46

51.

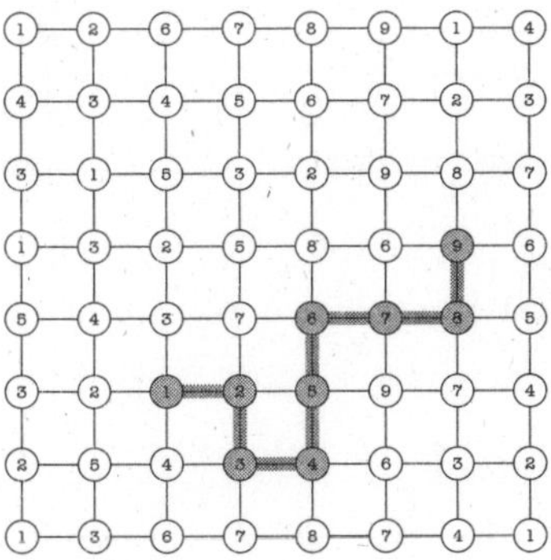

52.

Imaginez que vous superposez les deux images afin que celle qui a des trous soit placée sur l'autre, en alignant les deux marqueurs. Les chiffres suivants apparaissent, qui peuvent alors être classés dans l'ordre décroissant pour donner la solution, **987641**.

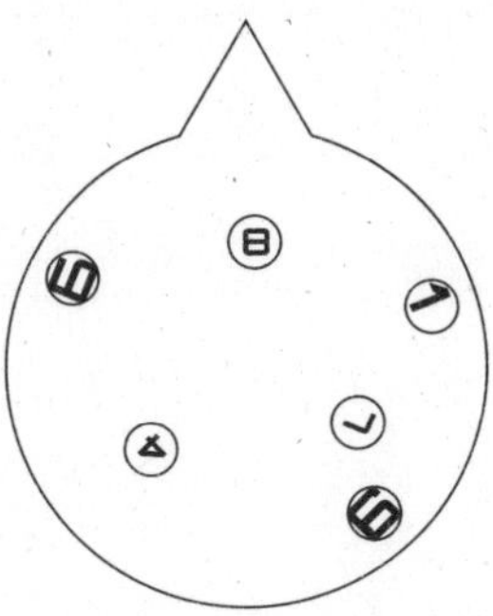

Solutions

53.

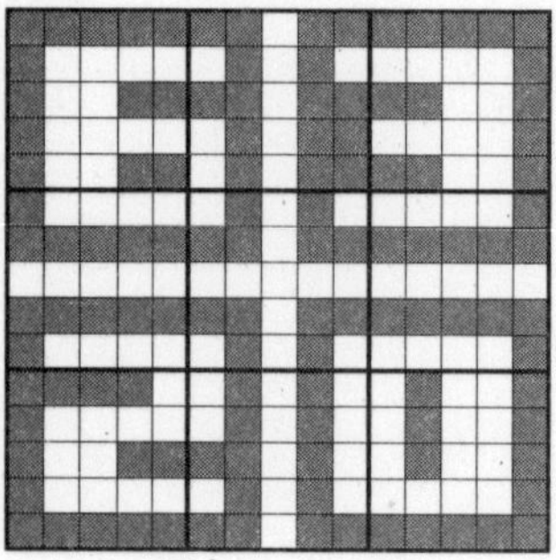

Le code de l'alarme est donc **6320**.

54.

Le fichier Vert fait 4 Mo, le fichier Bleu fait 2 Mo.
Par conséquent seul **le fichier Rouge**, qui fait 3 Mo, est sûr.

55.

- TOUR
- ÉCRAN
- SOURIS
- DISQUE DUR
- MONITEUR
- CARTE MÈRE
- CLAVIER
- VENTILATEUR

Solutions

56.

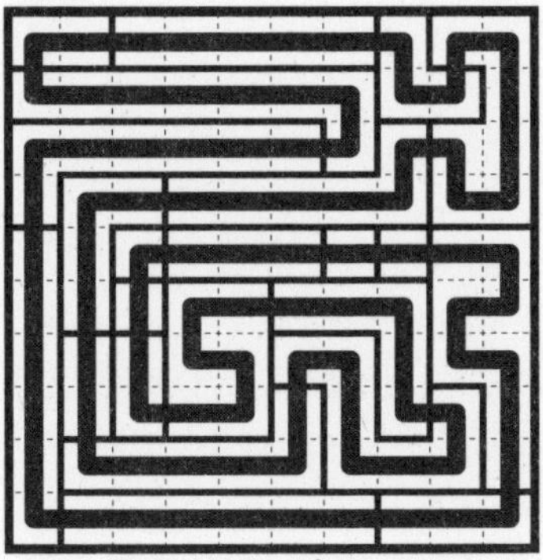

57.

7	8	1	6	4	2	3	5
5	2	4	3	6	8	7	1
3	6	5	1	2	4	8	7
2	4	7	8	3	5	1	6
1	3	8	5	7	6	2	4
6	7	2	4	1	3	5	8
8	1	6	2	5	7	4	3
4	5	3	7	8	1	6	2

L'adresse IP à bloquer est donc : **72.58.73.42**.

58.

Les chiffres, dans l'ordre indiqué, sont :

- UN
- TROIS
- CINQ
- SEPT
- HUIT
- NEUF

Le mot de passe est donc **135789**.

Solutions

59.

Soit *d* la distance entre vos deux bureaux.
Vous avez donc marché au total :
$2(1\,200 + (d - 1\,800)) = 2\,400 + 2d - 3\,600 = 2d - 1\,200$.
Votre ami a quant à lui marché :
$2((d - 1\,200) + 1\,800) = 2d - 2\,400 + 3\,600 = 2d + 1\,200$.

Si vous vous étiez rencontrés au milieu – à égale distance des deux bureaux – alors vous auriez marché exactement deux fois la distance *d*, à savoir la moitié de la distance deux fois (aller-retour). 2*d* est donc égal à la distance que vous auriez chacun parcourue dans ce cas. Les calculs montrent donc que vous avez marché 1 200 mètres de *moins* que 2*d*, et que votre ami a marché 1 200 mètres de *plus*. **Il a donc marché 2 400 mètres de plus que vous.**

60.

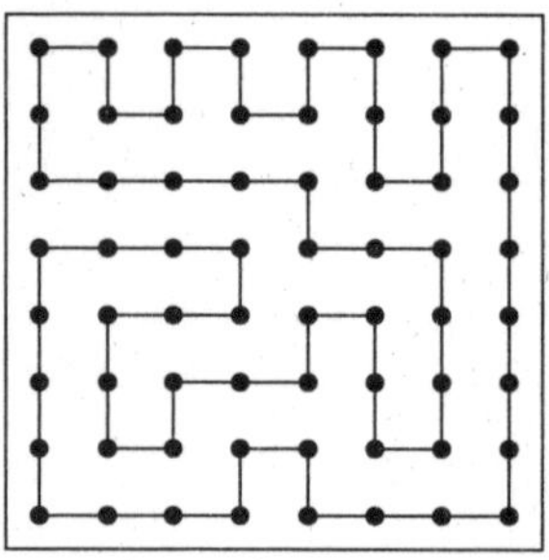

61.

Chaque nombre sous une image décrit la configuration de cette image comme suit :

- 3 = carré noir sur la ligne du haut
- 7 = carré gris sur la ligne du haut
- 4 = pas de carré rempli sur la ligne du haut
- 6 = carré noir sur la ligne du milieu

- 2 = carré gris sur la ligne du milieu
- 5 = pas de carré rempli sur la ligne du milieu
- 9 = carré noir sur la ligne du bas
- 1 = carré gris sur la ligne du bas
- 8 = pas de carré rempli sur la ligne du bas

Le code est donc **458**.

62.

- ENCEINTES
- BARRETTE MÉMOIRE
- SCANNER
- JOYSTICK
- IMPRIMANTE
- WEBCAM
- MICROPHONE

63.

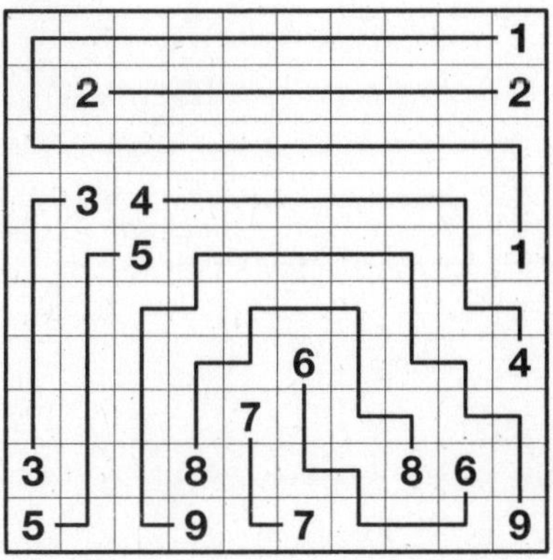

Solutions

64.

Isolez les « plus clairs » de la grille pour révéler ceci :

Les trois chiffres, dans l'ordre croissant, sont donc **3, 4 et 7.**

65.

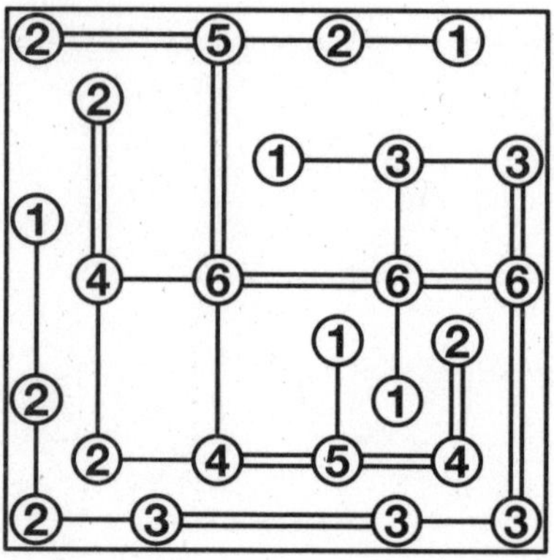

66.

- KENYA
- AUSTRALIE
- MOZAMBIQUE
- NORVÈGE

Solutions

- VENEZUELA
- ESTONIE
- MONGOLIE
- ZIMBABWE

67.

Demandez à votre ami de mettre une vraie pièce dans un sac, et toutes les autres dans l'autre. Si le sac contenant la vraie pièce est choisi, vous gagnez. Mais vous avez aussi une chance de gagner avec l'autre sac, qui contient 3 pièces gagnantes sur 7 (une chance sur trois, donc). Comme les deux sacs ont la même probabilité d'être choisie, celle que vous gagniez est de :

$$(\frac{1}{2} \times 1) + (\frac{1}{2} \times \frac{3}{7}) = \frac{1}{2} + \frac{3}{14} = \frac{10}{14} = \frac{5}{7}.$$

Vous avez donc cinq chances sur sept de gagner avec cette tactique, ce qui est bien mieux qu'une sur deux.

68.

1	1	0	1	0	0	0	0	0	1	1	0	1	0	1
1	0	0	0	0	1	1	0	1	1	0	0	0	0	1
0	1	1	0	1	0	1	0	0	0	1	0	1	0	0
0	0	0	0	1	0	0	0	0	1	1	0	0	0	1
0	1	1	0	0	0	1	0	0	1	0	0	0	0	1
1	0	0	1	0	1	1	0	0	0	0	1	0	0	0
1	0	0	1	0	0	0	1	0	1	0	1	0	0	0
0	0	1	0	0	1	0	1	0	0	1	0	1	1	0
0	0	1	0	1	1	0	0	0	0	1	0	1	0	0
0	0	0	0	1	0	0	0	1	0	0	0	0	1	0
1	0	1	0	0	1	0	1	1	0	0	1	0	1	0
0	1	1	0	0	1	0	0	0	1	0	1	0	0	1
0	1	0	1	1	0	1	1	0	1	0	0	1	0	1
0	0	1	0	0	1	0	0	0	0	1	1	0	0	0
1	0	1	0	0	1	0	0	1	0	0	1	0	1	1

69.

Le code à quatre chiffres est **8265**.

Solutions

70.

		1004		
	516	488		
	285	231	257	
161	124	107	150	
86	75	49	58	92

Le nombre au sommet est donc **1004.**

71.

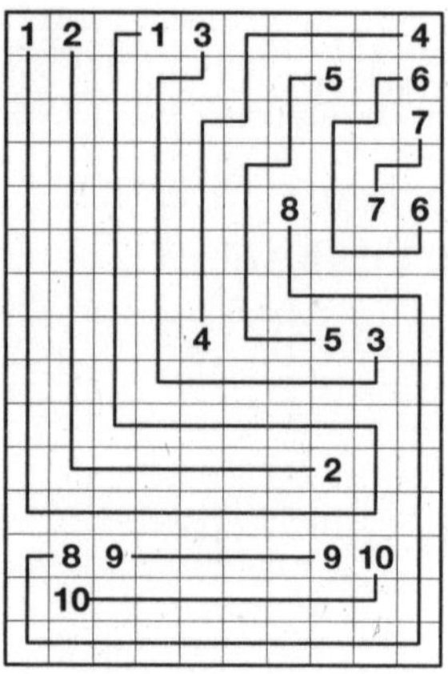

Solutions

72.

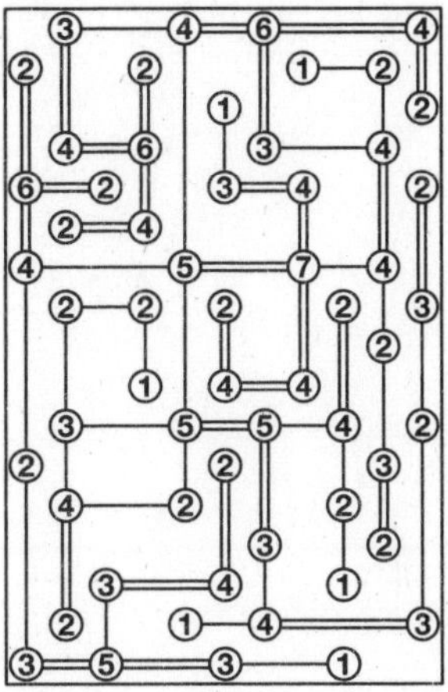

73.

Votre ami vous a renvoyé votre liste dans un ordre différent, après avoir changé un seul caractère, lettre ou chiffre, de chaque plaque. De haut en bas, ces changements sont :

- M devient C
- 2 devient 5
- K devient L
- S devient F
- S devient R
- B devient J
- 5 devient 2

Il y a sept plaques, et sept positions possibles pour chaque changement, étant donné que chaque numéro de plaque a sept caractères. Or il n'y a qu'un seul changement par position dans tous les numéros ; lisez-les à voix haute de gauche à droite pour dévoiler le numéro correct : **CL25 JRF.**

Solutions

74.

7	4	2	1	3	5	9	6	8
6	5	1	8	9	7	4	2	3
8	3	9	2	6	4	1	7	5
1	9	5	7	4	3	2	8	6
2	8	4	6	5	1	7	3	9
3	6	7	9	8	2	5	1	4
5	2	8	4	7	6	3	9	1
4	1	6	3	2	9	8	5	7
9	7	3	5	1	8	6	4	2

Le numéro de téléphone est donc **759752352**.

75.

Chaque code en trois lettres de la grande image décrit la configuration du drapeau au-dessus de lui :

- F = barre noire à gauche
- Q = barre grise à gauche
- R = barre grise à droite
- Z = barre blanche à droite
- M = barre noire à droite
- J = étoile pointe vers le haut
- A = étoile pointe vers le bas

Le sigle à trois lettres est donc **QZJ**.

76.

Les maisons ont été espionnées dans l'ordre suivant :

1. Chicago
2. Malibu
3. Toronto
4. Cancun
5. Houston

Solutions

6. Boston
7. Seattle
8. Miami

77.

Son message est écrit à l'envers, et est en réalité : RÉESSAIE, EN LISANT LES CHIFFRES COMME TU AS LU CE MESSAGE. L'image qu'il vous a envoyée a été inversée par rapport à un axe vertical, donc les points et les traits sont disposés à l'envers. Interprétez-les avec les instructions de l'énigme 33, « Message mélangé ». Le code est par conséquent **83561**. Le seul chiffre correct était le **5**.

78.

Chaque adresse IP forme une suite de quatre nombres progressivement divisés par une constante. Dans le premier exemple, 216 est divisé par 6 pour donner 36, puis 6, puis 1, pour donner l'adresse 216.36.6.1. Toutes les autres adresses suivent cette même progression géométrique. Par conséquent la seule adresse parmi les suggestions qui satisfasse à cette condition est **l'adresse F : 1.1.1.1.**

79.

En utilisant la géométrie élémentaire, vous pouvez calculer la surface des zones dont les mesures ne sont pas notées dans les deux plans. En faisant la somme, on constate que le service A fait 96 m^2 et que le service B mesure 97 m^2. **C'est donc le second plan, celui du service B, qui représente la surface la plus grande.**

Solutions

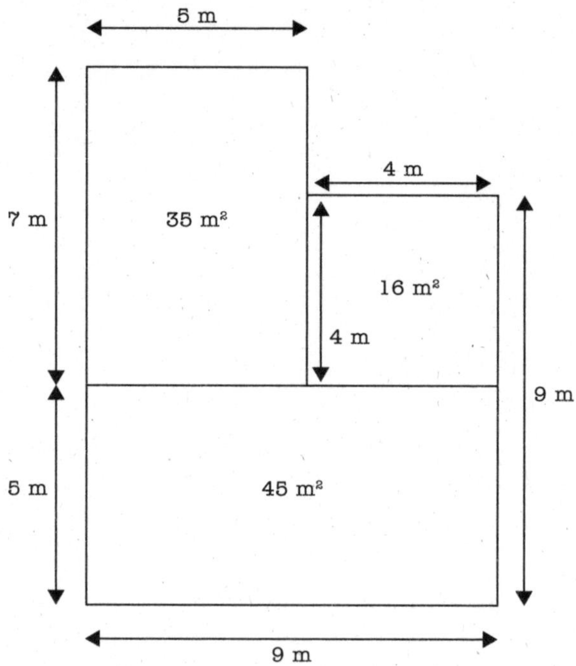
5 m
4 m
7 m
35 m²
16 m²
4 m
9 m
5 m
45 m²
9 m

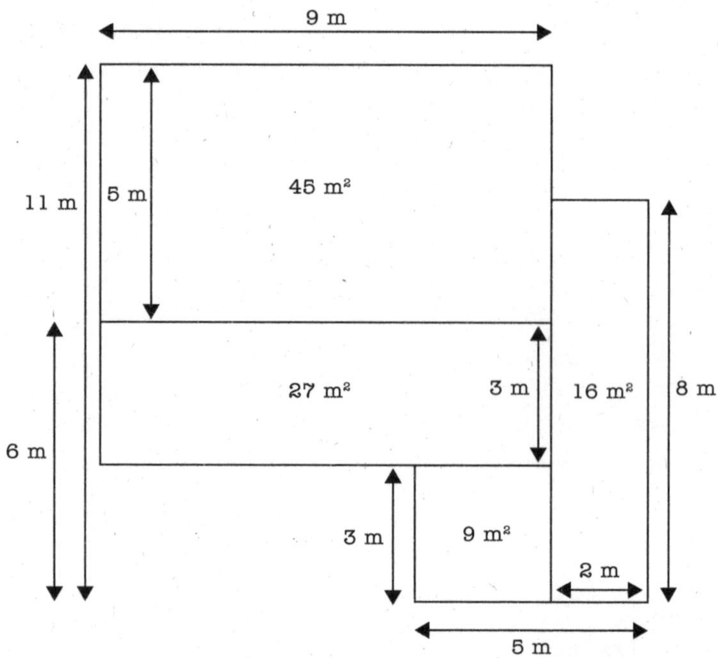
9 m
11 m
5 m
45 m²
8 m
27 m²
3 m
16 m²
6 m
3 m
9 m²
2 m
5 m

Solutions

80.

La grille terminée ressemble à ceci :

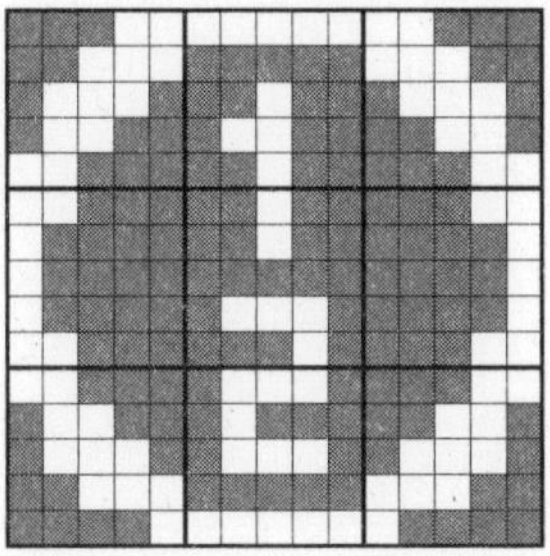

Il est donc dans la **chambre 12**.

81.

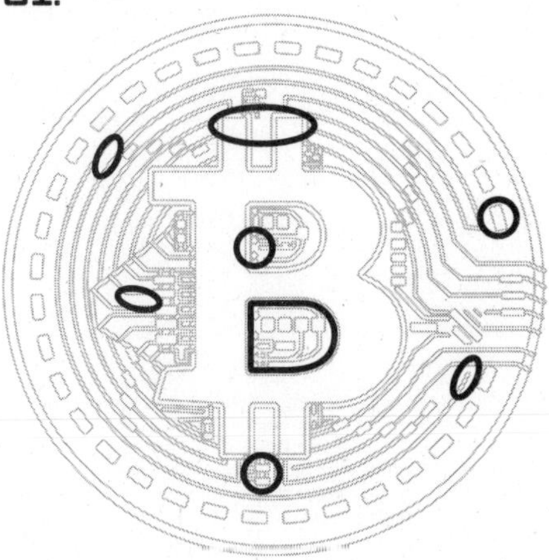

82.

1	●	2	1	1		
	3	●			●	1
1		●	4	●	3	
1	●	●		3	●	3
		●		3	●	●
●	5	●	4		●	4
●	4	●	3	●	●	2

Solutions

83.

Le **code-barres D** a des barres plus courtes que les autres à son extrême gauche. C'est peut-être un problème d'impression, mais on n'est jamais trop prudent…

84.

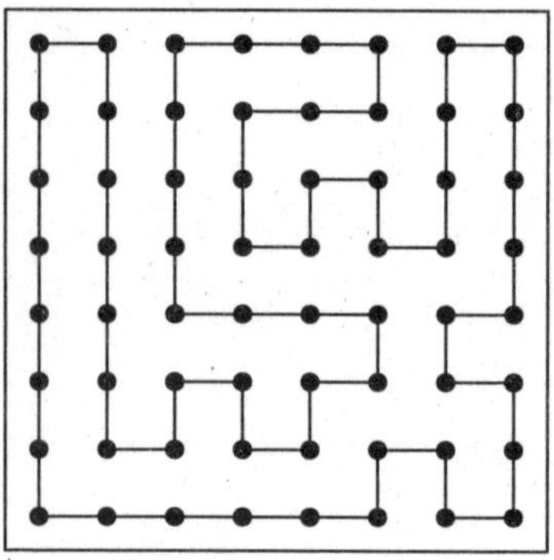

85.

Tous les fichiers qui sont des carrés – **1, 4, 9, 16, 25, 36, 49, 64, 81 et 100** – seront déverrouillés, et tous les autres seront verrouillés. En effet, les carrés ont un nombre impair de diviseurs, donc ils seront dans un état différent de l'état verrouillé qui était le leur avant la première passe.

Solutions

86.

L'image A est celle qui en a le plus (25), l'image B n'en ayant que 22.

87.

Imaginez que les deux feuilles de papier calque soient superposées. En faisant tourner la première de 180 degrés et en retournant celle d'en dessous, l'image suivante apparaît :

Donc le code est **3724**.

88.

En grisant toutes les cases contenant un nombre impair (« en cas d'impair, il vaut mieux se griser »), on découvre un **signal d'avertissement** :

2	6	8	6	0	4	0	6	4	0	0	4	2	0	4	8
0	4	2	0	4	0	0	1	3	8	2	4	0	6	2	0
0	0	6	0	2	0	7	9	5	3	0	0	2	8	0	8
0	6	8	0	6	3	5	4	8	1	7	2	0	0	2	4
2	0	0	2	0	1	2	8	0	4	3	0	6	8	6	0
4	0	2	0	4	1	6	1	3	0	9	4	0	2	0	6
6	4	6	0	5	7	0	9	5	6	1	7	6	0	0	4
2	8	0	8	9	0	6	3	9	0	4	9	4	0	4	0
0	2	6	3	1	2	0	1	3	8	0	1	9	6	0	0
0	0	0	1	6	4	0	5	7	0	4	6	5	0	2	4
4	0	5	9	0	4	6	0	4	8	2	0	3	1	0	0
8	8	7	8	0	8	0	3	7	4	8	2	8	1	0	2
6	1	1	2	6	2	8	9	5	0	0	0	6	3	7	6
0	9	6	8	0	4	0	0	0	2	0	4	8	8	1	4
2	7	3	1	9	1	7	5	5	3	1	9	3	1	5	0
0	6	0	0	4	0	6	0	4	0	0	4	2	0	0	2

Solutions

89.

Pays : **PARAGUAY**
Ville : **ASUNCION**
Mois : **SEPTEMBRE**
Jour : **MERCREDI**

90.

Si vous avez vérifié 2 816 dossiers, vous avez donc vérifié le tiers des 8 448 dossiers – mais si cela vous a pris trois fois trop longtemps, c'est que vous avez déjà épuisé les 24 heures que vous vous étiez assignées pour cette tâche.
Votre vitesse était donc de 2816 ÷ 24, soit **un peu plus de 117 dossiers par heure, et malheureusement il ne vous reste plus de temps.**

91.

11	24	7	20	3
4	12	25	8	16
17	5	13	21	9
10	18	1	14	22
23	6	19	2	15

Le code est **7412**.

Solutions

92.

Votre nom d'utilisateur est X7425, et les quatre autres sont **BZ936, 8L3OG, VTP34 et YN163** :

X7425

BZ936

8L30G

VTP34

YN163

93.

Chaque ligne comprend une suite de nombres, un chiffre manquant dans l'un des nombres de la suite étant remplacé par un X. Pour identifier les X, il faut comprendre la logique de ces suites :

1. De gauche à droite, ajoutez 11 à chaque étape – le chiffre manquant est le 4 de 47.
2. Soustraire 9, puis 8, puis 7, et ainsi de suite – le chiffre manquant est le 7 de 107.
3. Ajoutez 14 à chaque étape – le chiffre manquant est le 0 de 70.
4. Ajoutez 12 à chaque étape – le chiffre manquant est le 7 de 27.

En combinant ces résultats, on obtient le code **4707**.

Solutions

94.

- NÉON
- CARBONE
- ZIRCONIUM
- HYDROGÈNE
- COBALT
- NICKEL
- SILICIUM
- MAGNÉSIUM
- POTASSIUM
- BISMUTH

95.

Solutions

96.

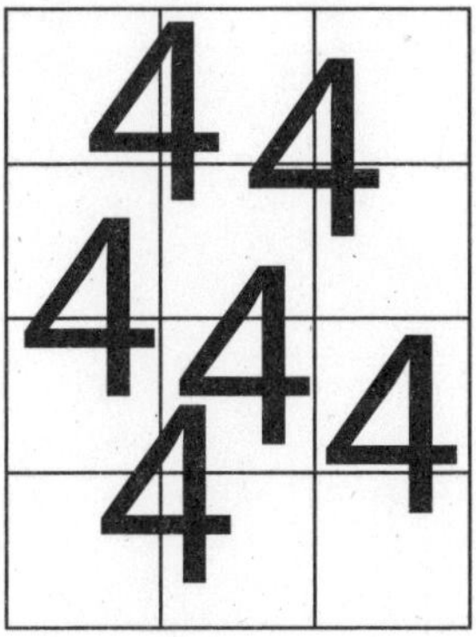

Il y a **six 4** dans l'image réarrangée.

97.

1	7	2	7	2	12	6	15	3	9	3	5	1	2	7	2
5	8	8	1	3	9	11	5	7	1	9	3	8	11	5	4
11	1	2	6	9	13	11	1	4	14	7	12	6	1	1	2
14	8	9	3	4	14	4	8	2	11	1	4	9	15	14	8
4	3	6	2	14	7	2	4	5	1	8	14	8	6	12	1
3	3	8	1	12	6	9	1	13	6	3	9	1	1	9	6
9	1	4	5	3	14	3	1	8	12	13	9	5	14	2	9
3	4	14	8	6	12	9	8	1	3	12	6	7	11	13	3
12	7	1	5	4	4	5	1	4	7	2	14	5	4	7	6
9	13	4	5	9	8	1	2	1	1	2	6	1	8	14	3
15	3	14	13	3	12	14	4	7	11	3	12	8	5	9	12
14	6	3	7	1	9	3	8	1	12	9	14	4	3	6	2
4	1	12	9	1	4	12	6	3	6	8	1	6	3	1	5
5	7	8	3	6	14	1	8	2	11	14	9	12	5	8	7
1	7	1	13	9	3	7	7	1	4	3	6	13	1	2	7
5	1	8	2	5	6	12	3	6	12	9	4	2	11	8	2

Griser tous les nombres non divisibles par 3 révèle un **smiley souriant**, donc il veut être votre ami, pas votre ennemi, en tout cas selon cette image.

Solutions

98.

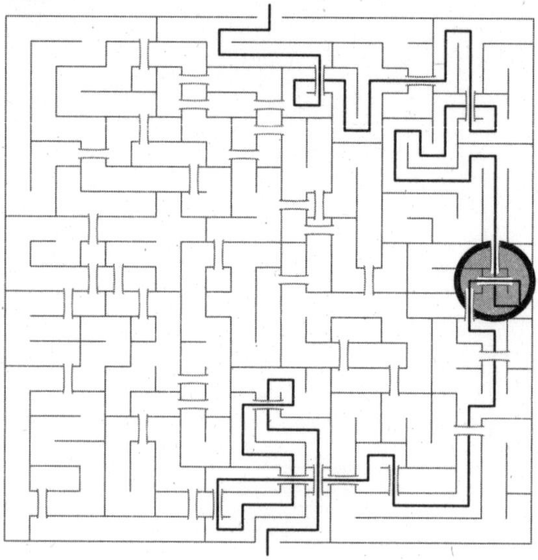

99.

Les fichiers peuvent être ordonnés de façon à ce qu'un seul chiffre change entre deux noms successifs, si l'on prend soin d'ajouter un fichier à l'emplacement du « ?????? » :

- 729564
- 729864
- 739864
- 731864
- ??????
- 231865
- 231845

Cette liste peut bien sûr être ordonnée dans le sens inverse, mais dans les deux cas, un seul nom de fichier correspond parmi les choix proposés : **731865**.

Solutions

100.

La F est la bonne moitié de disquette.

Notes

Notes

Imprimé par Grafica Veneta en Italie
pour le compte des éditions Hachette Livre (Marabout)
58, rue Jean Bleuzen – 92178 Vanves Cedex

PAPIER CERTIFIÉ

Dépôt légal : septembre 2023
ISBN : 978-2-501-18105-1
6669534